JN082313

世界的美容家の「しないこと」

ジュミ・ソン

サンマーク出版

大人の美は引き算です。
引くことでしか、
本当の美しさにはたどりつけません。

Introduction

人は内側からしかきれいになれない

人は間違いなく、内側からしかきれいになれません。

外見、内面、という言い方をしますが、内面のもっとも外側の部分のことを、外見と言うのだと私は思います。内面がにじみ出たのが、外見。どこまでいっても、内面が表れている。そう、私たちはいつも、「内面」を見られているのです。

エステティシャンなのに、なぜ内面のことばかり？　肌の整え方ではなく、なぜ内面のことから話すの？　そう思われる方もいらっしゃるかもしれませんね。

それは、肌を変えたいのなら、内面を変えるのがいちばんの近道だから。これまで2万5千人以上の肌を触ってきた経験から、そう確信しているからです。

肌はその人を物語る場所です。

内臓、血液、筋肉、脂肪を包み込む皮膚というのは、体のいちばん外側にあるのに、不思議なことにその人の心の内側をいちばんはっきりと映し出します。肌は「その人」を語るのです。

肌は本当に、いろいろなことを教えてくれます。

どんなお手入れをしているか、どんな暮らしをしているか。忙しいのか、自分の時間をとるゆとりはあるのか、食生活や運動、睡眠など、肌を触れば、その人の毎日の過ごし方がわかります。肌は日々の習慣でつくられるからです。

でも同時に、お手入れや生活習慣「だけ」でつくられるものではありません。その人の性格、そのときのメンタルの状態、長年抱いてきた考え方や思い込み、それが肌に表れています。とくにお顔は、あらゆる内面を語ります。

顔のすぐ上の頭には脳があり、心と体をコントロールしています。顔には脳とつながっている目があって、口があって、鼻と耳がある。

目で見て、鼻で嗅いで、耳で聞き、口で味わっている——つまり私たちは、すべての情報を顔で取り入れています。また、考えたことを表す言葉は口から発せられますし、瞳は心のありようを伝えます。

つまり顔とは、外側からあらゆるものを取り入れ、内側から自分を出していく、その人の「ドア」。肌はその土台ですから、お顔のお肌は、その人がどんな人なのかを、じつに雄弁に語ってくれるのです。

最先端の技術を捨て、手のひらひとつで

私は日本生まれの日本育ちですが、メイクアップアーティストを目指して1998年、20歳の春に単身で渡米しました。ロサンゼルスのYamano Beauty Collegeでエステティックを、Sunset Gower Studio Makeup Academyでメイクを学んだあと、2000年からメイクアップアーティストとしてハリウッドでキャリアをスタートさせました。

その後帰国し、日本の美容、エステティック業界でも経験を積んだあと、ロサンゼルスに戻り、2007年からアメリカ最先端と言われるメディカルスパで働くようになりました。美しさを追求したくてメイクの仕事を始めたものの、少しずつ、肌そのものへと関心が移っていったためです。

メディカルスパや一流ホテルのスパでは、いわゆるハリウッドセレブリティや各国の要人たちに最先端の施術をし、たくさんの方の肌に触れる機会をいただきました。ホテルのセールス歴代1位の記録を塗り替えることができたのは、アメリカの元祖ウェブメディアとも言える「Daily Candy」で、ベスト・ハンド・オブ・ウエスト

コーストに選出された幸運のおかげだと思います。『VOGUE』『ELLE』（いずれもアメリカ版）『The New York Times Magazine』など、多くのメディアで取り上げていただき、『Los Angeles Times』では「ジュミ・ソンのフェイシャルは1週間後も肌が輝いている」と記事にしていただきました。


ところが、ありとあらゆる美容機器や薬剤、最新テクノロジーを使うフェイシャルやエステティックを極めるうちに、気がついたのです。

「機械や化学では、肌は本当のところは変わらないようだ」と。

その後の私は、大きく方向転換することになります。最先端の器具・機材を手放し、手のひらと最小限のオイルやクリーム類へと、私の商売道具はぐっと減ることになりました。試行錯誤を経て、最小限の道具と、内面からの美容という独自の手法が生まれ現在に至るわけですが、リンパを流し、血流を整え、顔のコリと向き合うマッサージに、器具は使用しません。

「ジュミのフェイシャルはただのフェイシャルじゃない。まるで自分の心を旅するみたい」

そう話してくれるクライアントもいますが、まさにそのとおりかもしれません。何も話さずとも、おしゃべりな肌を通して、私はいろいろな内面の思い、肌がしてほしいことを受け取ります。

手のひらとクライアントの素肌。その肌と肌との会話を通して、クライアントの顔は内側から輝きを放つようにきれいに整っていきます。

でも、これは私「だけ」ができることではありません。人は誰でも、自分の肌と「会話」することができますし、いちばん言うことを聞くのは、体の主人であるあなたの声です。

エステティシャンの施術はもちろん一時的に効果はありますが、表面の施術だけでは本当の意味で肌は変わらない。

その人の内面、信じているもの、自分に言い聞かせていることが、顔に表れています。それを受け取り、内面から肌を輝かせて美しさを引き出していく、それが「ジュミのフェイシャル」です。

美しい人は「マチュアな人」

「最高のエステティシャンは私ではありません、あなたです」

そう伝えることから始まる、ちょっと変わったやり方が口コミで広がり、私は２０１４年に独立しました。その半年後にレディー・ガガとの出会いがあり、私は４年半にわたって彼女の専属エステティシャンとして活動しました。

「あなたのフェイシャルは世界一」と信頼してくれたガガの存在は、私にとって大きな刺激であり、彼女と過ごした時期はかけがえのない学びでした。内面の美しさが外見に表れるということを改めて実感させてくれたひとりとも言えます。


美しさをもたらす内面とは何なのか。美の正体とは何なのか――私はたくさんの女性たちと向き合いながら、ひたすらそれを考えてきました。

顔立ちでもなく、若さでもない。はっとするような健やかで自然体の美しさを生むのは、どんな内面なのか。いきなり結論をお伝えするようですが、それはひとことで言うならば、「マチュアであるかどうか」だということに思い至りました。

現在もハリウッドのセレブリティ、歌手、俳優、医師、新聞記者、実業家など、私のクライアントは職業もさまざまで、年齢層も20代から80代と幅広いのですが、美しい人たちに共通するのが、「マチュアである」ということです。

マチュア（mature）とはもともと果物などが完全に熟した状態を指し、「人間の成熟」や「大人になっていること」も意味します。

私には、「成熟」とは、現在の自分が持っているもの、自分が今いる場所、そして、自分の今、にきちんと目を向けているかどうか、ということのような気がします。

昨日を後悔するでもなく、明日を夢見るのでもなく、今に目を向け、今自分が持っているもの、今置かれている場所に感謝できていること。それがマチュアな人。私自身、歳《とし》を重ねるごとにマチュアになっていきたいなぁと願うひとりです。

この本では、私が普段接しているマチュアで素敵なクライアントから学んだこと、そして、家族の死や摂食障害などさまざまに悩んだ10代を経て、単身渡米し、アメリカという国で自分と向き合い、家庭を築いた私自身の体験も交えて、「マチュアに生きること」を考えていきたいと思います。私もまだ40代、大人の初心者でもあります。

女性をおばさん、なんて呼ぶことは自分にも他の誰かにも、ゆるしてはいけませんが、だからといって「美魔女」と呼ばれるのはちょっと違う。

おばさんでは決してなく、でも美魔女でもない、「自然体でありながら清潔に歳を重ねる美しさ」のためのキーワード――それが「マチュア」のような気がします。この本をきっかけに、大好きな日本にマチュアな人が増えていったら、これほどうれしいことはありません。

２０２１年　冬

ジュミ・ソン

自分にあるものだけを見る・目次

Introduction

人は内側からしかきれいになれない 2
最先端の技術を捨て、手のひらひとつで 4
美しい人は「マチュアな人」 6

Chapter 1 雑音に耳を貸さない

01 「なぜ、顔を洗っているの？」に答えられますか？ 18
02 内面は細部に表れている 22

03 タマネギの皮を剝くように「本当の自分」に近づく 27
04 最高のエステティシャンは自分自身 31
05 「ありのままの自分」はあなたしか知らない 36
06 なりたい自分像は回り道でこそ見つかるもの 40
07 人生は「ハッピーエイジング」、シワに「セレブレーション」 46
Exercise 私の中の「なんとなく」に問いかける 52

Chapter
2
くらべない

08 誰かの物差しで自分を測らない 54
09 「私」は結局、「私」にしかなれない 58
10 「悪い謙遜」をしない 64
11 「美しさ」はくらべられない 68

12 自分を元気づける「鏡とのおしゃべり」 72
Exercise 私の中の「べき」を知る 75
Exercise 私の「オリジナル」を言葉にする 76

Chapter 3 いらないものまで抱えない

13 基礎化粧品は3本だけ 78
14 「素直さ」の方向を変える 85
15 「手放す勇気」でファンデーションがいらなくなる 90
16 ずっと抱えてきた傷を手放す 95
17 自分の「境界線」を知っておく 101
18 わがままではなく正直な人になる 108
19 「うまくいかなかったこと」こそ「使える」経験 112

Chapter 4

ないものねだりをしない

20 「言わなくてもわかって」はＮＧワード 115
21 「アピール競争」には参加しない 120
Exercise 私の「化粧品」の声を聞く 125
22 「ないほう」を見ているかぎり心はいつも不幸せ 128
23 美容整形したくなったら2年待つ 134
24 スケジュールをあえて満タンにしない 141
25 目標リストは埋めなくていい 147
26 「足りないこと」が強みに変わることもある 152
Exercise 私の中に「ある」ものだけを見る 156

Chapter 5

なくしたものを数えない

27 若さを脱いだら始まる「新しい美しさ」 158
28 「今の肌」をできるだけ長く持続する 164
29 80歳まで美しくいたいなら、「ケアしすぎ」は厳禁 169
30 シワひとつないピカピカ肌ならすべて幸せ？ 174
31 誰かがつくった年齢ごとのゴールに縛られない 179
Exercise 私が「やりたいこと」を見つける 186

おわりに 187

フォトグラファー
Dana Patrick（公式HP：danapatrickphoto.com）

ヘア＆メイク
Ashanta Morris

プロデューサー
寺田和未

ブックデザイン
萩原弦一郎（256）

構成
青木由美子

DTP
天龍社

編集協力
乙部美帆

編集
橋口英恵（サンマーク出版）

Chapter

1

雑音に耳を貸さない

Laws of beauty 01

「なぜ、顔を洗っているの?」に答えられますか?

私のフェイシャルは、会話から始まります。ロサンゼルスにある自分のスタジオ、あるいはクライアントのご自宅や滞在先のホテルに出向いて、施術の前にいくつか質問をし、まずはひたすら話を聞きます。

「とにかく肌の赤みが気になっているの。だから1日3回は洗顔してるわ」

「どうして1日3回なんですか?」

「だって、このほてりを取るには朝昼晩としっかり洗って、肌を引き締めたほうがいいからよ」

「洗うとほてりは取れますか?」

「それが取れないのよね……だからここに来たんだけど」

「1日3回というのは、ご自分で考えたんですか？　それとも誰かのアドバイス？　美容皮膚科のドクターとかフェイシャリストとか」
「前の前のフェイシャリストかな。忘れちゃったけど、1日3回の洗顔は、とにかく私の習慣なの」

1日3回というのは多めですが、よくあるパターンの朝と晩1日2回の洗顔にしても同じことです。みんな「なぜ私は1日2回、顔を洗っているのか？」というはっきりした理由を考えないまま、実行しています。

誰かが言ったから。美容情報を読んだから。子どもの頃に親に言われたから。そういうものだから。漠然とした「なぜ」への答えはあっても、自分の内側から湧いてきた答えではないし、自分の意思で決めたやり方でもありません。もしかしたら、意味もなく押しつけられた、他人のアドバイスに従っているだけかもしれません。

普段の洗顔でさえ、なぜ、自分がこれをしているかをよくわかっていない。つまり多くの人は、意外に自分を知りません。自分と話をしていないのです。

自分ときちんと話をしていない人は、突き詰めていくと、自分を信用できていないと言えるような気がします。話が飛躍しすぎみたいですが、ちょっとイメージしてください。

同僚や近所の人など、毎日のように顔を合わせているけれど、挨拶とお天気のことくらいしか言葉を交わしたことがない相手がいるとします。何を考えているか、何が好きかもわからない、言ってみれば「知らない人」。そんな人を、あなたは信用できるでしょうか？　友人であっても、表面的な会話で終わり、心を開いて本音を伝えてくれない人を、あなたは信じることができますか？

これと同じことが、自分自身についても起こります。自分とちゃんと話をしていない人は、自分を知らないから、自分を信じられない。だから自信が持てない。

自信が持てない人は、どんなアドバイスも受け入れられなかったり、逆にありとあらゆるアドバイスを受け入れて、混乱したりします。

自分がどうして「1日3回、洗顔をしないといけない」と思っているのかを知らずに、毎日顔を洗い続けても、自分にふさわしいケアはできません。ふさわしいケアをせず、自分の内面がぐらぐらした状態のままで、美しい肌になろうというのは難しいこと。

だから私の施術は会話から始まるわけですが、それは、自分自身と話をする習慣を持ってもらいたいからです。

「私は○○だから、今こうしたんだね」「私はあのとき○○で、○○だったね」と、自分と話ができるようになると、少しずつ自分というものが見えてきます。

自分を見て、自分を知ることが、自信をつけるためのはじめの一歩。マチュアな人になる第一歩です。

さあ、自分に聞いてみてください。

「私は1日何回、顔を洗っている？　それはどうして？」

自分を見て、自分を知ることで、
小さな自信のかけらが集まります。
あなたはあなたを知っていますか？

Laws of beauty 02

内面は細部に表れている

私のフェイシャルマッサージは、「ひたすら聞く」という言葉と言葉の会話のあとは、肌と手の会話。クライアントの肌と私の手が話をします。

言葉はちょっとした嘘《うそ》をついたり、見栄を張ったり、隠しごとをしたりしますが、肌は口よりも正直でおしゃべり。肌はおとなしいふりをして、なんでも包み隠さず話してくれます。

顔色、むくみなどを通して、肌はその人の生活習慣を教えてくれます。

顔の不調のほとんどは、リンパ液の流れの滞りと血液内の不純物で起きています。

そしてリンパ液の流れが滞る大半の理由は、咬筋《こうきん》と側頭筋そして首と肩を使いすぎて、筋肉が固まっているためです。

咬筋は、「体でいちばん強い筋肉」と言われる顎の筋肉です。食べ物を噛《か》むときに使われますが、夜中に歯ぎしりをしたり、緊張して歯を食いしばるときも咬筋が働きます。

側頭筋は、考えたり緊張したり、仕事や勉強をしているなどの神経が集中しているときにも使われ、噛み合わせる際に顎ともつながっています。つまり、神経や頭を使いすぎている人は、咬筋と側頭筋がカチカチ。それが肌の不調につながります。

また、左右どちらかの口元に吹き出物が出やすい人は、食事のときにどちらか一方で噛むくせがありがちです。片側の筋肉を使いすぎて硬くなると、血流が悪くなって栄養分が行き渡りません。リンパ液による排出もうまくいかず、油分と水分のバランスが崩れて吹き出物として現れる――こんなサイクルです。

アトピーや感染症などの医師の治療が必要なものは別ですが、ほとんどの肌の不調は、心の問題やストレスが原因です。

肌はその人の性格も教えてくれます。

たとえば小鼻を洗いすぎている人は、たいてい几帳面。鼻まわりはオイルの分泌が多く、ほとんどの人はいちばん目につく鼻の頭の毛穴の開きを気にします。パックをしすぎたりしてトラブルになるケースもあります。

一方、プクッと膨らんだ左右の小鼻は、人からはさほど目立ちません。そこを洗いすぎてしまうのは、自分で触ったときに「脂っぽい」と気になるから。人から見てどうかより、自分自身が納得できるように「きれいにしたい！」と思うタイプということでしょう。

几帳面というのは、「整理整頓が得意できれい好き」という表面的なことではありません。片づけが苦手でおおざっぱに見えるけれど、「自分自身のルールがあって、それをしっかり守りたい」というタイプの几帳面さんもいます。

手や指先によって、その人の性格や生活習慣がわかります。

手をよく使っている人は、手のひらに厚みがあります。私自身、手は小さいのですが、常に手で施術をしているために手のひらはしっかり厚みがあって、それが仕事に役立っています。

また、爪や甘皮の状態、手指の荒れ方、乾燥なども、その人の内面を知るヒント。

一日で「定期的にプロにケアを頼んでいるな」という人でも、「自分でケアしているんだな」という人でも、甘皮や爪の長さが常に整えられている人は、自分自身についても人から見た自分についても、細かく注意を払っています。

顔や手の肌の質感で性格や生活習慣がわかる――これは男性も女性も同じです。

アメリカ、とくにロサンゼルスにはエステに行く習慣がある男性が多く、ホテルのスパで働いていた頃は、いろいろな国の政治家や経営者も担当しました。

男性に多いのは爪を噛むくせのある人。

自分の爪で、血がにじむほど甘皮を押すくせがある人は、誰もが知る企業の経営者でした。それだけ抱える責任が大きいのでしょう。

またあるときに施術した年配の男性は、私が待合室に入っていくなり、スッと手を差し伸べてきました。

バスローブ姿ですから、どこの誰かはわかりません。「こんにちは」と私はその手を握り返したのですが、あの感触は忘れられません。赤ちゃんのようにやわらかく、さらさらした手。ふわっと舞う羽に触れたみたいに重さがまったく感じられない手は、苦労知らずというよりも、まさに天使の羽のようなピュアな感触でした。「ただ者ではない」と直感しましたが、あとで中央ヨーロッパの某国の首相だと聞いて、なるほどと思いました。

肌や手、意外な部分に、自分の内面や状況が表れています。外に表れているものは、いつでも内面を映し出したものなのです。

私の手のひらはどんなやわらかさ？
爪の形は？
あなたの知らないあなたの内側。
内面は細部に表れています。

03 Laws of beauty

タマネギの皮を剥くように「本当の自分」に近づく

肌のトラブルは性格と毎日の習慣が影響しています。ですから、肌トラブルを解消しようとするなら、習慣を変えることが第一です。

クライアントには、「ケアを始めたら半年ほどは、間をあけずに施術を受けてくださいね」とお願いします。そのほうが効果が出やすいですし、クライアントと私に信頼関係ができれば効果も高まります。信頼関係は内面の変化をもたらし、肌質、肌の色つやが全然違ってきます。

アメリカ人は日本人よりオープンですが、どこの国の人でも、すぐに「ねえねえ、私ってこういう人なの！」と心を開いたりはしないもの。たまにそういう無邪気な人もいますが、そんな人は「お手入れの必要はないですよ」と言いたくなるくらい、ピカピカの肌をしています。

反対に肌トラブルが深刻な人ほど、内面にもやもやしたものを抱えて、でもそれを隠そうと、無理やりニコニコしている場合があるものです。

「こんなことを言ったらどう思われるんだろう？」

「こんな私は好かれない」

自分を隠したり、取り繕ったり、見栄を張ったり、本音をなかなか言えなかったりすると、そのジレンマが肌に表れてしまう。そういう方はなかなか自分をオープンにしてくれません。「ガードが堅いな」と思う方に出会うと、私はていねいにほぐすことから始めます。言葉と言葉の会話でひたすら話を聞き、次に肌と手で話します。そして心と心の会話に入ります。

心と心の会話。

これは、説明のつかない、ちょっと不思議な会話です。肌に触れているうちに、いつもではありませんが、その人が抱えている何かやその人を彩る心模様が、イメージや文字で浮かんでくることがあります。

若い頃はこの不思議な感覚が苦痛でしたが、浮かんでくるイメージを解きほぐすようにケアすることで、肌の輝きが見違えるように変わっていく経験を重ねるうちに、生まれつき備わった私の〝ギフト〟として受け入れ、私だけのオリジナルな手法として磨けばよいと思うようになりました。

エステティシャンとして身につけた技術とこの不思議なギフトとを組み合わせて、自分なりの施術ができるようになった今は、まさに贈り物と、この能力を大切にしています。

心と心の会話とは、ゆっくりていねいに、タマネギの皮を剥がすようなイメージです。

最初は茶色くなった硬い皮を。それから白くて分厚い皮を。一気に無理やり剥いたりせず、ほぐしながら、寄り添いながら、少しずつ、少しずつ、ゆっくり剥いていきます。

なかには一度私のフェイシャルを受けて、それっきり来なくなる人もいます。私はそういう方を追うこともなければ、連絡をすることもありません。どんなことにもタイミングがあると思うからです。

居心地がよくないということは、まだ準備ができていなかったということ。半年後でも、5年後でも、準備ができたときに、よかったら帰ってきてください。心の中でそう伝えます。実際に数年後、訪れてくれる方もいます。

そして通い続けてくださるクライアントは、皮が1枚剝けるたびに、輝きを取り戻していきます。タマネギの中にある、つるんと真っ白な「自分」が見えてきて、心が変わり、顔が変わっていきます。

茶色い皮の下も、タマネギの皮は続きます。
あなたの芯にあるものは、いったい何でしょう?

Laws of beauty 04

最高のエステティシャンは自分自身

あなたにとって最高のエステティシャンは、あなた自身です。

私はプロとして最高の施術をしますが、毎日、その人の肌に触れることはできません。「自分でケアすることがいちばん大切で効果的です」とクライアントにはお伝えしていますし、この本を読んでくださっている方にもぜひ、自分で自分に触れ、もっとたくさん自分と会話をしてほしいと思います。

「最高のケアは、自分で自分を触って、自分と会話をすること」

それが2万5千人をケアしてきて私がたどり着いた結論であり、この本を書いている理由でもあります。

自分で自分を触って、自分ともっと話をすることは、私とクライアントとの心と心の会話と同じような効果をもたらします。

心の声を聞き、望みを聞くことを繰り返すうちに、心のしこりやよどみが晴れていくこともよくあります。


クライアントによく尋ねる、こんな質問があります。

それは「どういう自分になりたいですか？」というものです。

自分がなりたい自分。それをきちんととらえ、目指していくことで、ゆっくりと自信が満ちてきて、美しくなっていく人をたくさん見てきました。


クライアントのひとり、エイミーは50代です。

「どういう自分になりたい？」という私の質問に、「とにかくアンチエイジング。若々しくいたいの」と即答しました。

会った瞬間、鼻の整形をしているのがわかり、肌の質感から、シワ伸ばしもしているだろうと感じました。触ってみると、顎にもシリコンプロテーゼが入っていました。横顔のシルエットを整え、若々しく見せるための美容整形です。

さまざまなフェイシャリストを試しているのでしょう。肌は赤みを帯びてつるつる。

それは艶があるつるつるではなく、ケミカルピーリングやフォトフェイシャルなどをしすぎて、必要な角質もすべて取れてしまった状態でした。

整形手術でも美顔器でも、顔は若くなりません。

自分の顔に毎日触り、「私はこんなに硬くなっている」「ここにストレスがかかっている」と自分を知る。そのうえで適切なマッサージでリンパを流し、コリをほぐす。
それが、若さではなく、美しさを取り戻す方法です。

最初は私がプロとしてフェイシャルをしましたが、同時にエイミーは毎日、自分で自分の顔のコリをほぐしていきました。

コリをほぐしていくことは、なぜ、必死で若さにしがみつくのか、その理由を見つけていくプロセスでもありました。

美しく装ったタマネギの皮を剝いていくと、コリや詰まりを通して、エイミーの本当の内面が見えてきました。

「どうして歳《とし》をとってはいけないと思っているの？」

「若くいることで、どんなことを得たいの？」

そんな自問自答の末に見えてきたのは、エイミーの自信のなさでした。

見えてきたその自分の中身を、エイミーは受け止めました。自分自身への問いかけと並行してさらに皮を剝くようにケアを続けると、肌はみるみる元気を取り戻し、同時に「ありのままの自分」が出てきました。素直さ、優しさなど、ありのままの自分の良さを見つけたら、今度はそこを伸ばしていく。「なりたい自分」を考えていくと、こんなふうに自分を見直し、新しい自分を見つけていくことができます。

エイミーが自信を取り戻すために必要だったのは、「本当はやりたかったのにやり残している」と思っている物事を認識し納得することでした。シンプルで地味な日々の努力で、エイミーは美しさを取り戻しつつあります。

多くの人がエイミーと同じような勘違いをしがちですが、「若さ＝なりたい自分」ではありません。「年齢＝その人」なんて、ちょっと考えてみれば、おかしなことだとわかるはず。同じ歳だから全員が同じキャラクターなんてありえませんよね。

私が素敵だな、と思う人は、年齢を超えて、自分をしっかりと持っています。若いから感性がみずみずしいのではなく、「その人」の感性がみずみずしい。年齢を重ねたから落ち着いているのではなく、「その人」の芯がしっかりしている。

「自分」を知っている人は、若さにとらわれないし、女でも男でも関係ない。年齢も性別も超えて、「その人自身」が素敵です。

そんな自分になるために日々自分をケアするなかで、自分自身に質問し、会話していきましょう。


「本当はやりたかったこと」

「じつはやりたくないこと」

肌は内面を語っています。

その人が知らなかった
内面まで肌に表れています。

05

Laws of beauty

「ありのままの自分」はあなたしか知らない

「ありのままの自分がいい」とよく言われますが、これは思う以上に難しい言葉である気がします。

「ありのままの自分になりなさい」とか「自然に生きなさい」といっても、それって具体的にはどんな自分か、どんな生き方なのか、実感できる人はほとんどいないのではないでしょうか？

他の誰かが決めた「素敵な生き方」のイメージが世の中にあふれているから、みんな混乱し、余計に「ありのままの自分」がわからなくなるのかもしれません。

たとえば、「自然体で素敵」と言われる女優やモデルさん。

たとえば、「シンプルでていねいな暮らし」をインスタグラムにあげている人たち。

たとえば、年齢を重ねても美しくて活躍している著名人。

そういう人のイメージに近づくことが、「ありのままの自分に近づく方法」だと勘違いしている人がたくさんいます。

でも、イメージなんて、しょせんイメージです。

オーガニックの野菜を食べ、ヨガを欠かさないナチュラル志向で、白いコットンの服がよく似合う人は、自然でありのままに生きているように見えますが、それは商業的につくられたイメージのひとつに過ぎなかったりします。

まったく反対に、お酒とお肉が大好きで、あまり運動をせず、奇抜な髪型に不思議なファッションでいたとしても、ありのままの自分として輝いている人はいます。

ありのままの自分は本当に人それぞれ。世間のイメージなんて関係ないところに、あなただけの「ありのままの自分」があります。

もしかしたらあなたの「ありのままの自分」は、すごく野心的でやる気まんまんかもしれない。でも、しっかりと目標があって突き進む人はパワフルで美しい。

もしかしたらあなたの「ありのままの自分」は、家族とともにおだやかで静かな毎日を楽しむ人かもしれない。でも、それで本人が満たされるなら素晴らしい。

つまり、世間にふわふわと漂っているイメージも、一般的に「いい」とされているイメージも、私たちひとりひとりにとっては関係ないし、どうでもいいということ。「ありのままの自分」を見つけようとしているのに、どこかの誰かが決めた「女性の生き方」みたいなものにはまってしまうのは、本当にもったいない！

友達に効果があった化粧水が自分には合わないことがあるように、自分は自分で、他の誰にもなれない。誰かの真似はしなくていいのです。

では、どうしたらいいでしょう。

「ありのままの自分」がわからないというときには、自分にまとわりついている習慣、こだわり、誰かに言われてできたイメージや思い込みを、ひとつひとつ、手放していくことをおすすめしています。

親に言われたこと。恋人や夫に期待されたこと。「女性だから」と世間に押しつけられたこと。友達に合わせてしていること。それらをひとつずつ、手放していきます。意識してそれを思い出し、「私はこれを手放します」と心で言い、それがあなたからそっと離れていくのを思い描きます。

思い描いたことは形になりますから、これを繰り返すと、あなたは、あなたにまとわりついていた習慣や思い込みを外していくことができます。

手放すと決めたなら、人に何を言われても気にしてはいけません。

どこの国でも、ちょっと変わったことをする人に対して、「なんか最近、変じゃない？」「どうしちゃったの？」とたくさんの「ヤジ」が集まるでしょう。とくに日本では「ありのまま」より「今のまま」が好まれる傾向があるかもしれません。

でも、誰に何を言われようと、いらないこだわりを捨てられることこそ、成熟した大人の姿です。

「女性は1歳でも若く見られたほうがいい」というのも思い込みやこだわりの代表で、これを手放すと、いろいろな美しさがあることに気づくことができます。

「ありのまま」という言葉にとらわれては本末転倒。
つくられたイメージの「ありのまま」ではなくて、
あなたオリジナルの「ありのまま」って、何でしょう？

06 Laws of beauty

なりたい自分像は回り道でこそ見つかるもの

世間がつくった「いい人」のイメージ。

親が期待していた「いい娘」のイメージ。

友達やパートナー、会社の上司の考えに合わせて演じてきた、「こうしたほうがいい」というふるまい。

そうしたものを少しずつ捨てていくと、「ありのままの自分」が見えてきます。

それはまるで、ファンデーションも、マスカラも、眉も、すべてのメイクをクレンジングでなじませ、ていねいに落として素顔になるようなもの。

すっぴんの自分は裸になったように無防備で、不安になるかもしれません。でも、自分の素顔を知らなかったら、肌の状態もわかりません。オイリーなのか乾いているのかすら知らずに、世間がいいという美容液を塗り込んでも効果は出ません。

飾りを全部落としてこそ、どんなお手入れがいいのかわかります。足りないところを補ったり、筋肉が固まってしまっているところを優しくほぐしたりできます。

そうやって、本来の肌に戻していくと、自分にはどんなメイクが映えるかもわかります。それは「なりたい自分」を見つけるプロセスに似ています。

この本を読んでくださっているみなさんも、目標が定まっていて「なりたい自分」がはっきりわかっている人ばかりではないと思います。

クライアントのケリーは60代。離婚調停の最中に、私のところにやってきました。

「子どもを育てて、夫の世話をして、人のケアばかりしているうちに、60代になっちゃった。娘たちももう大きくなったし、これからは自分に目を向けていきたいの」

そんな話を一通り聞いてから肌に触ると、やわらかい印象の人なのに、肌はカチカチに凝って固まっていました。「ずっと主婦なのですか？」と私が尋ねると、もともとはアートの教師だったと話してくれました。

「教えることも、絵を描くことも大好きだった。でも、夫は私に完璧なグッドワイフを求めていたの。娘ができて、両立は難しくて仕事は辞めたわ」

フェイシャルをしながら、何をしているときがいちばん楽しかったか聞いてみました。

「小児がんで学校に行けない入院中の子どもたちに、アートを教えていたことがあるの。病院での教育であり、心のケアでもあるアートセラピーよ。自分に向いている気がしたし、やりがいもあった。つらい思いをしている子どもたちが、一瞬でも病気を忘れて夢中になっている姿がうれしかった。表現することで病気と闘う勇気が出るなら、それを応援したくってね。この仕事を、途中であきらめたのが残念よ」

ゆっくりと肌をケアしながら、私は言いました。

「ねえケリー。それは今からできないの？」

明日からいきなりアートセラピーの先生に戻ることは難しくても、病院ボランティアで手伝えるかもしれない。自分自身がまず絵を描くことを再開してもいい。やれることはたくさんある気がしました。

道がまっすぐだと思っているから、途中で曲がると迷子になってしまう。でも、曲がって、曲がって、何度も何度も曲がったら、直線ルートとは違っていても、目指す場所にたどり着けるかもしれません。

仮にあなたの夢が「ハワイに住むこと」だとして、子育てと親の介護で今は行けないとしても、日本にいてもできることはあります。ウクレレを習いにいくとか、本を読んでハワイアンキルトを作ってみるとか、なんでもいい。ただ一歩踏み出してみると、そこにはまた違った景色が必ずあるはずです。その景色は、心に映る景色だから。ウクレレのクラスを受けてみたら「あれっ、私は楽器が大好きなんだ」と気がついて、友達と一緒にバンドをやりたくなるかもしれません。思い切って挑戦して気持ちが満ち足りたなら、違うかたちで夢が叶《かな》ったということ。最終的にハワイに住んでも素晴らしいし、ずっと日本にいて、ウクレレの達人として、おばあちゃんになってもいろんなところでライブをするなんて最高です。

ただし、何もしなければどちらの夢も叶うことはありません。なりたい自分にはなれません。

大事なのは、今が何歳でも、小さな一歩を踏み出すこと。私はそう感じます。

クライアントのケリーに、私はこんな話までしたわけではありません。私はひたすらマッサージし、ケリーは自分で気がついて、自分で一歩を踏み出しました。

「フェイシャルに来て、ジュミと会うたびに、あなたが言うタマネギ？　自分の皮がめくれていくのがわかったの。『どうして今からできないの？』って、赤の他人のあなたに言われたら、そうか、好きなことをしたらいいんだって、素直に思えたのね」

ケリーは自分としっかり話し合って、毎日のマッサージでコリも解消していたようです。固まっていた肌もやわらかさを取り戻し、今ではお孫さんと一緒にアートを楽しんでいるとのことです。

歳をとるごとに輝いていく人は、ありのままの自分のことをちゃんと知っている人。あるいはケリーのように、「ありのままの自分を思い出せた人」です。

人は年齢を重ねれば重ねるほど、さまざまな経験を通して自分のことがわかってきます。自分はどんなことが得意で、何が苦手で、どんなときに楽しくて、どんなときに頑張れるか。あるいはどんなときに傷つくか。何に嫉妬して醜い心が噴き出してしまうのか。それが自分を知るということです。

ありのままの自分を知ったとき、その自分を好きでいられたら、自信が湧いてきます。自分を知って、自分を好きでいられたら、この世の中で自分にはどういう役割があるか、自分の〝ギフト〟もわかります。自信というのは、自分を信じることです。

自分を知っていて、自分が好きで、自分の役割を果たしている人。

自分を信じて、自分とうまくつき合っている人。それがマチュアな人です。

マチュアな人になるために、たくさん自分に触って、たくさん自分とおしゃべりをしてください。マチュアになったあなたの心を、肌はきっと映し出します。

人の期待に振り回されるのはもう終わり。
あなたなりの「ありのまま」を思い出すのは、
ふとしたきっかけからだったりします。

07

Laws of beauty

人生は「ハッピーエイジング」、シワに「セレブレーション」

私に備わった、ちょっと不思議な感覚は神様がくれたギフトで、誰とも違う美の手法が見出せたというのが、私にとっての「ありのままの自分」です。もちろん、失敗したり、誤解されたり、うまくいかないこともたくさんあるけれど、心と体で人と会話ができるギフトこそ、私のタマネギの芯だと信じています。

そのギフトを人のために役立てること、それが私にとっての「なりたい自分」です。自分のギフトを生かして、人の肌を１８０度変えたい。毎日できるフェイシャルをみんなに知ってもらって、たくさんの人の肌を内面から美しくしていきたい――。

そのことにはっきり気がついたのは30代のはじめ。最先端のテクノロジーを駆使したメディカルスパを辞め、ラグジュアリーの極みのような五つ星ホテルのスパに移りました。心で接し、道具は手だけのマッサージをやっていこうと決意したからです。

それには世界の超一流の人と出会える場での経験が最高の訓練になると考えました。

「ジュミのフェイシャルは特別ね」とクライアントに指名されるようになったのも、「ありのままの自分」と「なりたい自分」がつながったこの時期からでした。


それでも30代はまだ若い！　自分の使命を理解しはじめ、結婚して子どもを産み、内面的にはかなり成熟したつもりでしたが、1回で5万円、10万円というゴージャスなスパに頻繁に通えるお金があるクライアントたちは50代、60代が中心。アラサーの私は「まだ小娘じゃないの」と思われてしまうことも多く、アジア系は若く見えるというのも私にとってはうれしいどころかデメリットでした。

だから40代を迎えたときは、「やっと40になれた！」とうれしくてたまらなかった。自分の価値観と年齢が、やっと一緒に歩み出してくれた気がしたものです。


とはいえ、私は生まれつき、「ありのままの自分」がわかっていたわけではありません。むしろ長い間、家庭環境、親や兄弟に与えられた価値観に縛られていました。

私が育ったのは両親と2人の兄がいる5人家族でした。上の兄は繊細で優しくとても仲が良かったのに対し、下の兄は激しい性格で、小さい頃からうまくいきませんでした。

母は「あなたは女の子だから」と、私にだけ料理や掃除の手伝いを命じました。「男も女も関係ないのにアンフェアだ」と思っていましたが、逆らえませんでした。

小学生の頃、父が経営していた会社が倒産し、すべて失いました。父は夜逃げのように引っ越し、残された家族は借金取りに追われ、身を隠すことになりました。上の兄は不良になって家に寄りつかなくなり、一時的とはいえ、一家がばらばらになる緊急事態に陥ります。

さらに悲しみが降りかかってきたのは中学3年生のとき。優しかった上の兄が事故で亡くなってしまったのです。突然の兄弟の死。苦しくてたまらないのに誰にも心は開けない。私は摂食障害に苦しむようになりました。

母は慟哭《どうこく》と憔悴《しょうすい》のなか、私のことをずいぶん心配してくれましたが、独特の価値観の持ち主で、10代の私にこんなことを唱えるようになりました。

「あなたは結婚なんかしなくてもいい。キャリアウーマンになってもいいし、女優になる道もある。ベストはお金持ちの愛人になって一生独身でいることね」

母は若い頃、女優を目指し映画会社に所属したものの、結婚で断念しました。今思えば、その夢を娘に託したかったのと、長男を失ったショックもあったのでしょう。今振り返ると、母の偽ることのない率直な子育てに感謝の一念ですが、当時の私は母の言うとおりに行動し、人の顔色をうかがって要領よくふるまうようになりました。

夜は遊びに出て男の人たちと知り合い、なんでも買ってくれる〝パパさん〟も複数できました。どうしようもない高校生ですが、そのときはそれが当たり前だと思っていました。

こんな話をすると、「どうやってその生活から抜け出したの?」と聞かれますが、私には理由が2つありました。

ひとつは、自分のギフトを信じていたから。友達の眉毛を整えてあげて喜ばれたことをきっかけに、「人をきれいにするのは楽しいし、私にはそれができる」という小さな自信が生まれていたこと。メイクアップアーティストになるために、20歳を迎えたら渡米するという、ゆずれない夢がありました。

そしてもうひとつの理由は、いろいろな人の話を聞いたから。私は昔から、人の話を聞くのが何よりも好きでした。とくに歳を重ねた人の話が好きだったのは、いろんな経験を重ねているから。10代のときにおつき合いしていた年配の彼らの人生の話も洞察に満ちていて、その例外ではありませんでした。

「こんなに成功している人でも苦労して、つらい状況から抜け出して今があるんだな。きっと、自分が生まれつき持っている命の綱を握りしめて離さなかったから、耐えて歩いてこられたんだ。それなら、私もいつか今の状況から抜けられる」

自分の命の綱を信じ、歩き続けていけば、いつか行きたいところへ行けるし、なりたい自分になれる。10代の頃に大好きだった上の兄の死を経験し、「毎年誕生日を迎えられるのはありがたいこと」と実感させられ、多くの人生の先輩たちの成功談や失敗談をスポンジのように吸収したことで、私は歳をとることがとても楽しみになっていました。

やがて私は、アメリカで美容の道を歩き始め、私の立ち位置で、「アンチエイジング」という言葉の代わりに、「ハッピーエイジング」という言葉を使うようになります。歳を重ねるのがどれほど幸せなことか痛感しているからこそ、自然に出た言葉でした。

歳をとるとは、生きているということです。「20歳になったら親孝行するから、それまで自由にさせてほしい」と口ぐせのように私に言っていた兄が、わずか19歳で亡くなってしまった無念を思うと、40歳になるときも、50歳も、私には「ハッピーエイジング」がふさわしいと感じます。白髪の自分さえ経験できずに他界した兄を思うと、生きてまたひとつ歳を重ねられることが、とても幸せなことだと思うのです。

これから迎える50代、60代も、きっとハッピーエイジング。シワは人生を重ねた年輪と言いますが、まさに生きた証《あかし》。私は40代になって自分の顔に初めてシワを見つけたときに素直にうれしかったし、これからシワが増えても、「シワにセレブレーション！」と思えるような気がします。

若さは美しいものです。
でも若さを脱いだら、
人はもっと美しくなれる気がします。

Exercise

私の中の「なんとなく」に問いかける

なんとなくしていることを、意識して行うことが、
本当の自分を知ることにつながります。
あなたのなかで、「なんとなく」「つい」「無意識に」
やってしまっていることは何でしょう?
そこに「なぜ?」と考えてみるくせづけをします。

ついやっていること

➡なぜそれをしている?

ついやっていること

➡なぜそれをしている?

ついやっていること

➡なぜそれをしている?

ついやっていること

➡なぜそれをしている?

Chapter

2

くらべない

Laws of beauty 08

誰かの物差しで自分を測らない

「肌は黒いより白いほうがきれい」
「太っているよりやせているほうが美しい」
「若く見えれば見えるほど魅力的」

多くの人が、これが正解だと思っています。でも、本当にそうでしょうか？
きれい、美しい、魅力的というのは、個人の感じ方で、人それぞれ違うはず。それなのに基準がひとつになっているのは、なんだか不思議です。

たとえば、世の中にはバラの花が好きでたまらない人もいるし、サボテンに夢中な人もいます。あなたが仮にサボテン派だとして、「バラが好きなほうが正しい。サボテンがかわいいなんてどうかしている」と決めつけられたら、「そんなの私の勝手でしょう？」と思わず言いたくなるでしょう。

バラが好きでもサボテンが好きでもいい。両方とも好きでもいい。そんな当たり前のことが、なぜか美しさに関してはゆがめられています。たったひとつの正解があって、そこを外れたらダメだとみんな思い込んでいるみたいに。

アメリカ人はいろいろな人種がいるので、肌の色に関しては好みがまちまちですが、体に関しては「絶対的に引き締まった体が美しい」と信じている人が本当に多い。ただその「引き締まり方」の好みがまちまちです。エクササイズはマストで、都市部では誰もがジムに通っています。

「若い頃の自分にしがみついていたい」という考えも根強く、美容整形をする人もたくさんいますが、逆にそういった人たちにうんざりしている自然派の人も多く、「素敵に年齢を重ねていきたい」という女性も多いものです。

世界中のアジア系の人たちの美白好きはほとんど信仰で、白い肌にこだわる人が圧倒的多数です。私のクライアントにはインドの大スターがいて、アメリカに来るたびにフェイシャルを受けてくださいますが、リクエストは常に「とにかく肌を白くして!」。

撮影の合間に駆け込んで「ジュミ、お願い。明日はインドに帰らないといけないから、1回のケアでワントーン白くして」とオーダーします。コリをほぐして血流が良くなると、肌に透明感が出て、実際に白く見えるのです。

「やっぱりジュミのフェイシャルは最高だわ！」と、彼女は満足してくれるので私もうれしいのですが、彼女が美しくなったのは、肌が白くなったからではありません。余計なコリがない、本来の肌に戻ったから――つまり、もともと持っている美しさが全部引き出されて、輝いているからです。

「私らしい肌にして」というリクエストでも、私は同じ施術をして、同じ美しさを引き出します。〝美白〟ができたからきれいになったというのは、生まれ育った文化の中で、女性だけに当てはめられた思い込みなのです。


日本の女性も、「肌が白くてやせていて若く見えたほうがいい」と思い込んでいる人がたくさんいます。日本人は真面目なのか、「こうでないといけない」「こうであるべき」という固定観念がとても強いようです。

「シミがあったら、もうおばちゃんだ」とか、「ほうれい線はなくすべきだ」とか、

「私はこんなにシワがあるから、女として終わっている」と言う人までいて、とてももったいない！　そう嘆く人だって充分にきれい。自分に自信を持って、少しケアをすれば、もともと持っている良さが現れます。

自分がすでに持っている美しさを引き出し、魅力として備えているのがマチュアな人です。誰が決めたのかもわからない「こうでないといけない」「こうあるべき」にとらわれて、混乱するのはもう今日でおしまいです。

SNSを見ていると、美の正解を極めたような人が登場しますが、人間はいつも肌がつるつるで完璧で、いつも楽しく笑っているわけではありません。

「〇〇でなくっちゃいけない」という、誰かがつくった物差しで測らない。「〇〇であるべき」という言葉を使わない。それがマチュアな人の考え方です。

「べき」という言葉を、
使わないくせをつけてみましょう。

09 Laws of beauty

「私」は結局、「私」にしかなれない

私は在日韓国人4世で、生まれも育ちも日本。韓国語はまったく話せず、日本にいた頃の友達はほとんど日本人でした。

でも、アメリカで暮らすようになってから、親しくなった人は圧倒的に韓国系アメリカ人が多い。日本人の場合、職場が近いとか、夫同士が知り合いとか、ママ友というつながりがないと、なかなか親しくはなれません。

その点、アメリカ生まれのアメリカ育ちだとしても、韓国人には「同じ韓国人同士、助け合うのが当然だ」という情の濃さと人なつこさがあるようです。

ヘギョもそのひとりで、切れ長の目がとてもきれいでパワフルな女性。話していると、なんだかこちらまで元気が出ます。

「10代のとき、お母さんに『目を二重にしなさい』って言われたけど、絶対に嫌だったから拒否したんだ。だってこっちじゃブラックもホワイトも誰も彼もが二重で、珍しくもなんともないでしょ。『この目を見て！　一重だよ！　こんな目、私だけよ！』って感じで、とっても気に入ってるんだ」

ヘギョの話を聞いて、私はちょっとうらやましくなりました。

私が二重まぶたに整形したのは高校生のとき。これは韓国人によくあることで、「二重のほうがきれいだし、簡単な手術だからやるのが当然」と、母親も娘も考えるのです。まるで小学校高学年になったらブラジャーをつけるみたいなノリなので、私も母の勧めのまま、手術をしました。

「もし、あのとき二重にしなかったら、どういう人生を歩んでいただろう？」

ヘギョを見て、ときどき私は考えることがあります。表面的などうのこうのではなく、「自分を信じて認める」という自信が若い頃からあったら、歩んだ道は変わっていたかもしれません。

二重だろうと一重だろうと私は私だし、自分の人生に後悔はまったくないのですが、チラッとそんなことを考えてしまったのは、私の10代がなかなかハードだったから。

Chapter1で、「友人の眉毛を整えてあげて喜ばれたことがキャリアのきっかけ」と書きましたが、自分の手で誰かが美しくなるというのは大きな感動でした。

でも、当時の自分自身はどうかといえば、周りに合わせることに必死でした。まるで世界のどこかに完璧に美しい〝美の女神像〟という彫刻があって、それに自分がどれだけ似ているかを競争するみたいなもの。

二重だから自分はきれい、エラが張っているからきれいじゃない。唇は、鼻は、髪は、胸は、脚は？　目に見えない〝美の女神像〟は、あるときは人気モデルだったり、あるときはクラスでいちばんかわいい子だったりくるくる変わります。たくさんの友達が同じ幻に振り回されていたし、今の10代20代も同じかもしれません。

しっかりした自分というものがなく情緒不安定だった中学生から高校生時代の私も、思い切り振り回されていました。

自分が全然好きじゃないから、「自分でないもの」になりたかった。私は身長158センチで平均値ですが、もっと背を高く見せたくていつもハイヒールばかり履いていました。自分のいいところなんて考えもせず、いつも誰かとくらべて、自分にはないものをほしがっていました。

摂食障害の始まりは高校2年生でした。女の子がぽっちゃりしてくる年頃なのに、それがどうしてもゆるせなかったのです。はじめは晩ごはんを食べなくなり、すぐにゲエゲエ吐くように。1年くらいは嘔吐《おうと》を繰り返し、いちばん体重が落ちたときは42キロでした。

すでに年配の男性たちとはつき合っていたし、クラブで遊ぶのも好きだったから、細くなった体でタイトな服を着るといい気分。「ジュミ、やせたんじゃない！」と友達にほめられて、達成感すらありました。

でも、それで自信がつくわけではありません。短大に入った私は、本命の彼氏が友人と浮気をするという出来事にショックを受けて、今度は過食症になってしまいました。2週間で10キロ増え、顔に妊娠線のような亀裂ができることを知りました。

私は専門家ではありませんが、摂食障害は、自分の痛みから目を背けていることで悪化するのだと思います。自分の心の中の嫌なことを考えずにすむように、食べ物や嘔吐に走る……。傷口が見えないように包帯でグルグル巻きにしてふさいでしまったら、どんな傷もジクジク膿《う》んで悪化します。気持ち悪くても痛くても、まず傷口をしっかり見て、洗って、手当てをしなければケガは治りません。

私が見なければいけないのは、幻の〝美の女神像〟ではなく、自分の弱さでした。

人とくらべたってしょうがない。自信がなくて情けない自分を見て、「本当はどうしたいの？」と、自分に聞かなければ、解決にはならなかったのです。

10代の私は「本当はどうしたいの？」と自分に聞けなかったけれど、「このまま休み続けたら留年だよ」という短大の校長先生からの電話が、出口をつくってくれました。短大で英語を学んで、卒業したらそのまま渡米して、アメリカでメイクアップアーティストになるという夢。自分の〝ギフト〟を生かす仕事に就くための第一歩を、始まる前から台無しにするのはありえない。

太った体をさらす恥ずかしさを堪《こら》えながら学校に行った日。変わり果てた私の姿に何も聞かず、愛情だけを注いでくれた友人たちのおかげで、私の摂食障害は快方へ向かいました。

卒業してアメリカに行くと、そこには「その体のどこが太っているの？」と、まったく違う〝アメリカの物差し〟がありました。53キロのアジア系女性なんてガリガリに見えるくらいだし、私が43キロでも53キロでも、誰も気にしなかったのです。

世間の物差しは変わるし、人の目なんて意味がない。そんなものに振り回されて生きるなんて、人生のムダ遣いだと気づきました。美容学校は課題が多く、英語も勉強しなければならず、悩んでいる時間がないほど忙しかったのも幸運でした。

「きれいな女性はこうでなきゃ」「お母さんは、こういうもの」というレールから外れると、陰口が聞こえてくることもあるでしょう。

でも、その陰口に従って生きたところで、幸せになれるはずもない。

誰かがつくった物差しも、美の女神像も、本当は必要ありません。世間の声はみんな雑音、くらいに思っていい。自分は自分で、他の誰にもなれないと知れば、人とくらべる無意味さがわかります。

物差しを当てはめて考えるくせをやめると、
世間の声は雑音に聞こえ始めます。
私は結局、私にしかなれない。
そう腑《ふ》に落ちたとき、心は自由の翼を得ます。

Laws of beauty 10

「悪い謙遜」をしない

アメリカで経験を積み、レディー・ガガのエステティシャンとして世界ツアーに同行することになったとき、私は下の子どもを出産したばかり、まだ6か月でした。「来週から2週間はオーストラリアに行って、そのあとは日本で……」という話をしたら、女友達やクライアントは揃《そろ》って、「えっ、大丈夫？　その間、赤ちゃんは誰が面倒を見ているの？」と言いました。

私がもしも男性で、「子どもが生まれたばかりだけれど、すごく大きな仕事が入って2週間、海外出張をするんだ！」と話したら、みんな「ああ、楽しそうだね、頑張って」と言うでしょう。女性だから「えっ、子どもは大丈夫？」となるのです。

赤ちゃんは男性と女性がいて初めてこの世に誕生するもの。共働きならなおさら、子育ての責任は折半するのが当たり前。今の時代は優秀なベビーシッターも雇えるし、子どもを預けることのできる施設だってたくさんあります。夫婦で相談すれば、子育ては平等に分担できるもの。それなのに「ありえない」と女性にだけ反応するのは、女性は生まれたときから「女だからこうあるべき」というメッセージを送られ続けて育っているから。その結果、自分を後回しにする人がすごく多いのだと思います。

何かにつけて「アメリカでは」と発言するつもりはありませんが、日本の女性は大変に〝尽くし型〟だと感じます。日本で生後３か月の赤ちゃんを置いて出張に行くお母さんがいたら、驚くどころか大顰蹙《ひんしゅく》かもしれません。

世界経済フォーラムが発表した、男女がどれだけ平等かを示す「ジェンダー・ギャップ指数」２０１９年の調査では、日本は１５３か国中１２１位。東アジアの国はどこも男尊女卑の傾向が強くあるので、中国は１０６位、韓国は１０８位で、これは悲しいことだと思います。

夫婦で働いているのに、家事や子育てはまだまだ女性の負担が大きい。仕事をして、自転車でお迎えに行って、買い物をして、ごはんを作って、お風呂に入れて、また朝が来てとひとりで頑張っていたら、潰れてしまいます。その結果、「肌の手入れなんてする時間はない！」という人も多いのではないでしょうか？

つい我慢して家事を全部引き受けてしまったり、自分を犠牲にしても家族に尽くしてしまう日本の女性の話を聞いていると、謙遜がとても多いことに気がつきました。

「ジュミはバリバリ仕事していてすごいね。私なんか、全然ダメ。働いているといってもたかがパートだもん。夫にそこまで頼めない」

「私なんてどうせたいした仕事はできないから、家にいて家事をしたほうがいいの」

謙虚さは大切だと言われますし、うぬぼれて自信過剰になるのは避けたい。でも私は、謙遜には「いい謙遜と悪い謙遜」の2種類があると思っています。

自分の中に夢や目標、「こうなりたい自分」があって、「まだまだだ、もっと頑張ろう！」と思うのがいい謙遜。初心を忘れずに努力する素敵な姿勢です。

一方、誰かとくらべて「私はAさんより仕事ができない、Bさんよりきれいじゃない、Cさんより若くない。どうせ私なんて」と思って卑屈になるのが悪い謙遜です。

日本の女性は素晴らしいものを持っているのに、文化の価値観がつくった狭い家に閉じ込められています。広い世界に羽ばたければ、それぞれの可能性を伸ばせるのに、出口がないと思い込んで狭い場所でぎゅうぎゅうになっています。

ぎゅうぎゅうの中で「あの子より私が上」「あの人は私より下」とランクづけをし、そのうえ「はっきり言わないのが美徳」とされている国ですから、自分を押し殺せば押し殺すほど評価されます。こうして心の中ではお互いを値踏みしながら、「いや私なんて」と、謙遜し合う女性ができあがってしまいます。

文化の価値観の屋根の下にぎゅうっと押し潰されたら、ふわふわのパンもお煎餅のようにぺちゃんこになって当たり前です。

でも、その価値観の屋根の下にも必ず出口はあると知れば、悪い謙遜から卒業できるはずです。まずは自分の意識から変えることです。悪い謙遜の象徴である「どうせ」「私なんて」が口ぐせなら、今すぐそれを日常から排除することから始めます。

よくない謙遜で、人は自分で可能性の
檻をつくってしまいます。
口ぐせは人生をつくります。
まずは「どうせ」をやめることから。

Laws of beauty 11

「美しさ」はくらべられない

自分の美は自分の中からしか出てこないし、人は内側からしかきれいになれない。

それが本当にわかったのは、4年間の日本での生活を終えて、再びアメリカで暮らし始めてから。

私は結婚してアメリカの永住権をとり、30歳で第一子を出産しました。

子どもを産んで、母親になったとき、私は美しさを人とくらべなくなりました。

自分の子どもの美しさは、誰かとくらべようがありません。顔立ちがかわいいとか、整っているとかいうことではなく、生まれてきた人間がそれぞれに持つ、その人だけの美しさ、かけがえのなさに気づいた瞬間でした。

生まれてきたのは女の子。たったひとつの美しさを持つ彼女にとって、私はどんなお母さんになればいいんだろう？
そう考えたとき、自分自身が幸せじゃないと、彼女のいいお母さんにはなれないと思いました。この頃から、美しさについて違う方向から見るようになりました。美というのは内側にある「その人らしさ」を引き出すことだという、今の考え方ができていったように思います。

出産した頃の私は髪がかなり長かったのですが、抱っこをしていると赤ちゃんの顔に触れます。触れるだけでなく、娘は私の髪をはぐはぐと噛《か》むようになりました。それが嫌で、私はばっさりとショートカットにして、ふと片側だけを剃ってみました。ロングヘアからくらべると、かなり過激なアシンメトリーな髪型ですが、しばらくその髪型をしているうちに慣れてしまい、「ちょっと飽きたな」と思ってもう片側も剃ってしまいました。

すっきりして邪魔にならないし、潔さが気に入っていた「坊主頭」。誰に何を言われようと、それが私。今も写真が残っていますが、「スキンヘッドの30歳の新米ママ、いいんじゃない！」と周りからも好評でした。

その写真を見た日本の友人が「ジュミには似合っていてすごくきれいだけれど、過激すぎて私には無理」と言いましたが、自分が本当にそれが好きで、それがいいと信じているなら、本当は誰でも、坊主にだってモヒカンにだってできます。

今、流行《はや》り始めている白髪を染めないグレイヘアも素敵だと思います。「なかなか勇気がなくてできない」という人がいますが、誰にだってできるし、誰だって似合います。

そのための条件はひとつだけ。

「これが私で、とっても気に入っている」

そう自分で心の底から思えば、本当にそのとおりになります。みんなも「あっ、素敵だね」と思ってくれます。美しさというのは、まず自分に対しての自分の見方がぶれていないということ。自分が思うこと、感じることに、自信を持っているということから生まれます。自分がいいと思っていれば、それが自分だけの美しさになります。

ですから、逆に言うと「流行りだから」「無難だから」と世間に合わせたり、「人気の女優がやっている髪型だから」と誰かに合わせたり、「男受けがいいモテるスタイルだから」と自分以外の目を意識してメイクや髪型を選んでいたら、それがどんなに洗練されたファッショナブルなものでも、あなたに本当の意味でフィットするものにはなりません。美しくは見えません。

私はクライアントに、「あなたには自分だけの美があって、その美にはバリュー（価値）があります」とよく言います。せっかく価値があるものをもともと持っているのだから、それを安易に変えてほしくないと願っています。

〝人間〟というパッケージに詰まった、自分だけの美しさ。それを娘に教えてもらってから、私はマチュアな女性に一歩、近づくことができたような気がします。

あなたにはあなただけの美がある。
誰かとくらべることに意味はない。
あなたの史上最高のあなたになる、
それだけを考えること。

Laws of beauty 12

自分を元気づける「鏡とのおしゃべり」

忙しいときでも、いいえ、忙しいときこそ、自分と向き合う時間をとることは、落ち着いた毎日を過ごす重要な心がけです。

自分と向き合うための、時間もかからないいちばん簡単な方法は、鏡に向かってしゃべること。鏡の中の自分に向かって、私はよくこう言います。

「ありがとう、信じてるから」

「大丈夫、私がついているから、きっとできる」

数秒ですむし、朝の洗顔のついでにできます。大事なのは鏡の中の目を見て、小さくてもいいから声に出して言うこと。言い終わったら深呼吸しておしまいです。

これを毎日していると、自分が見えてきます。会話をすることで自分と握手ができると、他の誰でもない、自分を頼りにするようになります。自分と信頼関係を築くのは、マチュアな人になる第一歩です。
朝にしなければいけないわけでもなく、夜でも日中でもいい。私は大手のスパで大勢のアメリカ人と競争しながら働いているとき、プレッシャーに負けないように、仕事の合間に、誰もいないトイレの鏡で、よく自分と話をしていました。

「大丈夫。うまくいくって、わかってるよ」

自撮りモードにしたスマホ画面でもいい。トイレというのはひとりになりやすい場所で、日中でも自分の肩を叩《たた》いてあげるような感覚で話しかけましょう。
慣れてきたら、声を出さなくても大丈夫です。暗くなったコンピュータの画面でもいいし、地下鉄のドアの窓に映る自分に「お疲れさま」を言ってあげてもいいと思います。

自宅でメイクを落としたあとに話しかけるなら、自分をほめてあげます。ただし、「今日はお皿をきれいに洗った」とか「すぐに返信できた」とか、小さなことについてほめること。大きな目標ではなく、足元を見つめて、ちゃんと歩いていることを実感します。話しかけたあとは、深呼吸です。

自分自身のいちばんの応援団になりましょう。そうすれば、誰も味方がいないと感じるときでも、自分で自分を応援して勇気がでてきます。

自分と話すこと。この効用は絶大です。
鏡の前に立つときにはいつでも、
あなた自身の声を聞いてあげます。
今日のあなたは、なんと言っていますか？

Exercise

私の中の「べき」を知る

あなたの「べき」って、何でしょう?
つい「べき」と感じてしまっていること。言ってしまうこと。
「べき」の出どころを知ると、あなたが打ち破るべき「不要な殻」を知ることにつながります。自分自身に課していることを書き出して、その理由を考えてみましょう。

➡ 私は、＿＿＿＿＿＿＿＿すべきだ(であるべきだ)。

なぜそうすべき?＿＿＿＿＿＿＿＿

➡ 私は、＿＿＿＿＿＿＿＿すべきだ(であるべきだ)。

なぜそうすべき?＿＿＿＿＿＿＿＿

➡ 私は、＿＿＿＿＿＿＿＿すべきだ(であるべきだ)。

なぜそうすべき?＿＿＿＿＿＿＿＿

➡ 私は、＿＿＿＿＿＿＿＿すべきだ(であるべきだ)。

なぜそうすべき?＿＿＿＿＿＿＿＿

➡ 私は、＿＿＿＿＿＿＿＿すべきだ(であるべきだ)。

なぜそうすべき?＿＿＿＿＿＿＿＿

E x e r c i s e

私の「オリジナル」を言葉にする

あなたはすべて、あなたオリジナルです。この世にまったく同じ人は存在しません。すべてはあなただけのもの。

そんなあなたのオリジナルを目に見えるかたちにしましょう。見た目や服装、メイクなどの好み、性格や信条などといった内面、どちらでもOKです。「これが私」「私ならではだなぁ」と感じる物事を、思いつくかぎり書き出してみましょう。

Chapter

3

いらないものまで抱えない

Laws of beauty 13

基礎化粧品は3本だけ

この人のエネルギーは、いつも新鮮。

そう感じさせてくれるのはフィレオラ。ニューヨーク在住の彼女は、私が「東海岸に出張します」と知らせると、必ず予約を入れてくれる大切なクライアントです。何度となく会っているのに、そのたび「ああ、新しい！」と感じます。

彼女の若さが新鮮ということではなく、フィレオラはたぶん私と同世代。アメリカは年齢を聞かないので正確なところはわかりませんが、アメリカの伝統ある新聞社で、トップライターのひとりとして活躍しています。

彼女もそうですが、新鮮なエネルギーを感じる人はみんな目がキラキラ光っているし、何か揺るがないものを持っています。

もっとわかりやすく言えば、エネルギーが新鮮な人は、小道具が少ない。お肌のことに関して言えば、メイク道具も、基礎化粧品も、その数が実際に少ないことがほとんどです。

肌トラブルに悩むクライアントに対して、私はよくこんなリクエストをします。

「次回、ご自宅にある基礎化粧品を、全部持ってきてください」

そうすると、悩めるクライアントは紙袋いっぱい、すごい人だと大きなキャリーバッグいっぱいの基礎化粧品を持って、私のスタジオに現れます。

あらゆるブランドの高級品から、薬局で売っているもの、皮膚科医が考案したもの、オーガニックなどの自然派のものまで大量にあります。手に入りにくい限定品のフルラインなのに同じものが2セット、封も切らないまま期限切れになってしまっているクリーム……。

そう、迷いがある人、自分があまりわからない人は、たいていこのパターンです。

化粧品のキャビネットを開けると、「うわっ、お店が開けそう！」と言いたくなるほど、何もかもあるという状態です。

あなたはどうでしょう？　今、本をちょっと置いて、頭の中で数えてみてください。

自分が持っている基礎化粧品を言えますか？

もしも言えないなら、必要でないものも持っている可能性があります。そして、自分でもわからないくらいたくさんの基礎化粧品があるなら、使いこなせていないはず。

私は、大量の化粧品を持ってくるクライアントに、ひとつひとつについて説明してもらいます。

「これは私の大好きなインフルエンサーが使っていたから試してるの。で、こっちの2本はオンラインで調べたらアンチエイジングには欠かせないと書いてあったから。で、これはハワイにバケーションに行ったホテルで受けたフェイシャリストに勧められたクリームとローション。で、あとは……」

いくつかの化粧品についてはすらすら説明してくれますが、だんだん「あれ、なんだっけ？」というものが出てきます。買ったほうがいいと聞いて買っただけ、勧められてとりあえず買っただけ、新製品だし効きそうだとSNSで見て手に入れただけ。そんなものがたくさんあるからです。

私はさらに突っ込みます。

「じゃあ、そのクリームを使っていて、どうでした？　肌はいい方向に変わりましたか？」

「う〜ん、なんとなくかな……？　悪くはなっていないし、かゆみも出ないからいいかなって思って……」

　こうやってひとつひとつ点検していくと、たくさんの化粧品を持っている人ほど、そんなに効果がなくただなんとなく使っているものが断然多いことがほとんど。

　商品を選ぶときには、「肌がかぶれないから使っていて安心」というのではなく、「かぶれないしその上肌の質も良くなっていく」というものを選ぶことが大切です。

「これはいらない」「これは絶対にいる」というものを自分できちんと判断し、整理しながら減らしていく。近藤麻理恵さんの「片づけの魔法」はアメリカでも大ブームですが、化粧品に関しても「これは自分にとっているのか、いらないのか」という取捨選択は必須で、化粧品の片づけ＝メンタルの片づけにほかなりません。


「化粧品の片づけ」を行うと、本当に必要なものがわかります。不要なものを抱え込んで安心した気になっていたこともわかるでしょう。

　フィレオラのように揺るがないものを持っている人は、「あれは好き、これは嫌い」

とか、「このブランドは自分に合う、でもこのブランドは合わない」ということがとてもよくわかっています。

私はときどき、「このオイル、あなたの肌に合うと思うよ。使ってみたら？」などと勧めることがありますが、フィレオラのような人は、自分が納得しないと決して買いません。

逆に言うと、いいと思ったら即決ですが、買っておしまいということもありません。ちょっと使って感触を確かめ、成分をきちんと調べ、さらにしばらく使ってみてどういう効果があったか実感し、ようやく「納得できるお気に入り」となるのです。

フィレオラは2歳の女の子を持つ忙しいママであり、毎日じっくりスキンケアをするというタイプでもありません。ボトックスやヒアルロン酸も一切していません。

彼女は、たまに私のフェイシャルを受けるくらいで特別なことはしない。基本は自分でできる簡単なお手入れだけなのに、幸せそうで、美しく輝いている。まさにマチュアな人のひとりです。

・自分が持っている化粧品を全部、テーブルの上に出して点検する。
・3か月以上使っていない基礎化粧品、メイク化粧品を処分する。

・残されたものの自分との相性、成分、効果を確かめてみる。
・基礎化粧品を、3点に絞る。化粧水、セラム、ローション、クリーム、オイルを自分の肌用に組み合わせて、3ステップだけにする。

こんなシンプルなことから始めてみてはどうでしょう？　今はスマホで検索すれば、成分も調べられますし、習慣でしているパックも、じつはいらないかもしれません。

私自身について言えば、基礎化粧品は開発中の自分の化粧品ラインを使用していますが、ステップは化粧水、セラム、クリームくらいのもの。メイクアップアーティストでもありますが、自分用のメイク道具はわずかで、絶対に必要なのはメンソレータムとアイブロウです。

肌がきれいになればファンデーションは塗らなくてもいいし、アジア人は唇がふっくらしていて、もともとの色もきれい。保湿剤をつけるだけで、あえて口紅を塗らないほうが美しかったりします。

人の目がいくところは目のまわりなので、眉と目は印象づけていい。それでも眉毛を極端に整えるのはお勧めしません。あまり抜いたりせず、もともと生えている毛の流れを出してあげると輪郭にも自然にマッチします。あとは好みのアイメイクを少しだけ。

こうしてどんどん化粧品は身軽になり、身軽になればなるほど透明感が出て、けばけばしさから遠ざかり、自然体のマチュアな美しさに近づきます。

歳を重ねると、
塗りたくるほど、老けて見えるものです。
透明感は引き算で生み出されるものです。

「素直さ」の方向を変える

「私は山ほど化粧品を買い込んでいて、使いこなせていない……！」

持っている化粧品を並べてみて驚いたあと、「なんてダメなんだろう」と自分を責めても意味がありません。肌を良くしようと努力していたというあなたを認識して、ほめてあげてください。

顔の血管が炎症を起こし、赤くなって見えるロゼーシャ（酒さ《しゅ》）に悩んでいたエリカは、国際的なスポーツメーカーの経営幹部という肩書きを持っていました。エリカの肌は脂性で、毛細血管が透けて見えることでより赤みが目立っていました。皮膚科を受診するも「それは体質なので治らない」と医者に言われていたそうです。

お医者さんがダメなら化粧品やエステで解決するほかないと、あれこれ試したのちに、人づてに紹介されて私のところに来たときには、肌をいじりすぎた状態でした。

赤みも油分も余計に増して、腫れてすらいました。

経営幹部としてバリバリ仕事をこなす彼女は人と話す機会も多く、大企業の女性となればアメリカでも注目されます。エリカは赤ら顔が恥ずかしいと髪の毛や濃いお化粧で顔を隠したり、皮脂が取れるようにときつい洗顔料でゴシゴシと洗ったりしていて、もっと赤くなり皮脂が増える悪循環に陥っていました。

話をじっくり聞きながら顔を眺めていると、エリカの副鼻腔の腫れが一目瞭然でした。たしかにロゼーシャも赤みの理由ですが、それだけじゃない……。いくつか質問してみると、エリカは答えました。

「子どもの頃からアレルギー体質なの。今でもバカンスで田舎《いなか》に行くと、草なんかにすぐかぶれちゃうのよ」

つまり、エリカの顔の赤みと過剰な皮脂はロゼーシャとアレルギーが重なったことでさらに炎症が増え、そこに吹き出物が発生して、それを抑えようと刺激の強い化粧品を使い続けていたという、何層にもわたる悪循環の積み重ねでした。その上に、濃いメイクや髪の毛で顔を隠していたので毛穴が余計に詰まっていたのは明らかでした。

私はそこで、体質的なロゼーシャを考慮しながら、副鼻腔の炎症をなだめるように、リンパを流すケアをしました。マッサージ中の手の動きも摩擦したり引っ張ったりするのではなく、指をゆっくりと必要な箇所に沈ませるだけ。エリカが使用していた基礎化粧品は、6点あったものを3点のみにしてもらい、メイクもファンデーションにはさよならを告げてもらいました。

エリカの肌から私の手に伝わってくるのは、素直さ、純粋さでした。素直な人、純粋な人の肌はケアの効果があっという間に現れます。私の手を快く迎え入れてくれるような、私の手の行き場をふさがない感覚の彼女の肌は、その反応がわかりやすく、ほぐれやすい。ケアを始めて3、4回目ぐらいで、エリカの肌の赤みは70%ほど引き、油分と水分のバランスもかなり取り戻しました。赤みがなくなっていくと気持ちも上向いたのでしょう、顔の表情も変わっていきました。

今のエリカはファンデーションが必要だった頃が考えられないほどです。「部下に対しても、自分の顔を出して話すようになったでしょう？　変わりましたねって言われるけど、それがとってもうれしいの。説得力が増す気もするしね」と話すエリカは本当に別人のようです。

化粧品、ケア、たくさんの小道具を使いすぎてしまっていた昔のエリカは、愚かな人ではなく純粋な人です。純粋な人だから、「これはいいですよ」と医師やエステティシャンに勧められると、半信半疑であっても、全部をそのまま受け入れていたのです。

「素直さ、純粋さ」はエリカが持って生まれたギフトであり、そのギフトがどんどん悪化していく自分の肌に疑問を抱き、あきらめることなく自分が求めていた答えを探し続けたことが結果につながったと言えます。

2万5千人以上のクライアントに接して私が感じているのは、自分の肌には当てはまらないスキンケアの仮説や理論を信じている人がとても多いということ。何かを読んだり、友人から勧められて良かれと思って自分がしていることで、肌を傷めてしまう場合も多いものです。視点を商品側ではなく、自分の肌に置き換えるだけで、本当に必要なものはわかり、肌は180度変わります。

エリカはその性格そのものが純粋で素直でしたが、どんな性格の人でも、肌はみな、本人に対してとても素直です。その人の心を映し出すし、やったことに応えます。適切なケアをすればちゃんと応えて良くなってくれるいいパートナー。ただし、素直な分、やりすぎのケアをすれば、そのまま悪化してしまいます。

新鮮なお魚はお刺身で食べるのがおいしいし、とれたての野菜は生で食べても甘い。それと同じで、その人本人がもともと持っている素直な肌を最大限に生かすケアが、私の目指すお手入れです。

誰かが言ったことを聞きすぎて化粧品を買いすぎる人は、素直な人。「余計なことはせずに自分の肌を生かす」という方向に、その素直さを向け直しましょう。

顔は素直です。肌は正直です。
流行や口コミといった「商品側」ではなく、
「私の肌は何を欲しがっている？」と、
自分のほうから物事を見てみましょう。

Laws of beauty 15

「手放す勇気」でファンデーションがいらなくなる

「ファンデーションなしで笑える肌になってほしい」

これがエステティシャンとして私が目指すゴールです。

しかしファンデーションといえば、女性のマストと言っていい道具です。口紅を忘れても、肌だけはしっかり塗りたいという女性はとてもたくさんいます。シミ、シワ、ニキビ跡、顔色の悪さなどをファンデーションで隠そうとしています。

でも、残念ながら、ファンデーションで隠せば隠すほど、肌の状態は悪化していきます。紫外線のダメージを考えると日焼け止めは塗るべきですが、シミやくすみ、肌色をファンデーションで調整するのは本当は逆効果です。

キャサリンは美容ライター兼ライフコーチで、フェイシャルの知識は私たちプロ並みです。私のもとに訪れるなり、「肌に関しては、だいたいのことはわかっている。実際にありとあらゆるケアを試してみたわ」と言い切りました。

フェイシャルに来るとき、たいていのクライアントは「どうせ落としてしまうから」と素顔にサングラス姿ですが、キャサリンはばっちりファンデーションを塗っていました。

「まずはメイクを落とさせてくださいね」と言うと、「私、お化粧を取ったらすごいからね。驚かないで」と答えます。夜眠るときには夜用のファンデーションを塗っていると聞いた時点で、私はすでに驚いていましたが。

キャサリンは肝斑に悩んでいて、レーザーやピーリングなど、さまざまなアプローチをしたといいます。聞き取りを終えて施術を始め、メイクを落としてみると、たしかに肝斑が広がっていました。

肝斑は女性ホルモンの乱れが原因で、他のシミとは性質が違います。紫外線でできたシミはレーザーでその部分だけを消せたりしますが、肝斑は刺激すればするほど、どんどん広がって濃くなってしまいます。キャサリンの顔は、かつて肝斑だった箇所がレーザーによる傷跡に変わっていました。そのまわりに新たに肝斑が広がり、グラデーション模様のようになっています。

ホルモンバランスの崩れからくる大人のニキビにも悩んでいて、潰した跡をピーリングしたためにさらに皮膚が薄くなってしまっていました。ただでさえ白人の肌はシミが目立ちやすいのですが、傷になってしまっているので、余計に目立ちます。

キャサリンのケアをしているうちに、私には、肌とは別のところにトラブルの原因があるように感じました。

それは、ニキビも肝斑もゆるせない。認めたくない。なんとしても消そう、隠そうとする完璧主義です。でも、トラブルを「なかったこと」にしていたら、ケアはできません。

そこで私はキャサリンに頼みました。

「今日からファンデーションを一切つけないで3か月過ごしてみて」

ファンデーションをやめ、刺激の少ない日焼け止めクリームだけにしてほしいと告げると、キャサリンは叫ぶように言いました。

「なんですって⁉　そんなことしたら、私は外出できなくなるわ！」

たしかに傷跡のようなトラブルがある肌を人前にさらすのは勇気がいります。ましてキャサリンは美容ライターとライフコーチ。これまで巧みなメイクで隠して仕事を続けてきたのです。でも、自分が肌に対して何をしたのかを勇気を出して見つめなければ、改善へと踏み出すことはできません。私は、ファンデーションを手放す勇気がなんとしても必要だと話しました。

「肝斑は何もしちゃダメなんです。まずは触らないことがいちばん大事。次に大事なのは日焼け止め。そして、健康的な生活つまり食生活と睡眠時間、エクササイズをすること、ストレスをきちんと発散すること。レーザー、ピーリングはやめてください。刺激が強い基礎化粧品、そしてスクラブ入りの洗顔料やピーリング効果のあるふき取り液もやめること」

肌は酸性（0）からアルカリ性（14）までのpHバランスをとることが大切で、肌のpH5・5（平均）に近ければ近いほど、肌への刺激が少ないということです。

ちなみに純水はpH7です。ニキビなどのトラブルがある人は肌がオイリーなことが多いため、酸性すぎるものやアルカリ性すぎる基礎化粧品を使いがちですが、肌本来の油分や水分が奪われすぎてしまうケースもあります。私はクライアントに、「アルカリ性と酸性のどちらかに偏った基礎化粧品は避けてください」とお願いしています。

さて、説得の末、ファンデーションという、これまでなくてはならなかった小道具を手放す勇気を出したキャサリンは、1か月ほどかかりましたが、「何もせずに肝斑が薄くなる」という体験をしました。自分の肌がもともと持っている回復力を実感したことで、今までどれだけ無理なケアをして、肌を痛めつけていたかに気づいたようです。

傷のようになってしまった肝斑跡のケアはこれからしていかなければなりませんが、キャサリンは「生まれて初めて自分の肌が好きになれそう。勇気をくれてありがとう」と言ってくれました。

ファンデーションを「隠す」目的で使い始めることは、さまざまなトラブルへの入り口。
ファンデーションいらずの肌が、理想の肌です。

Laws of beauty 16

ずっと抱えてきた傷を手放す

Chapter1で書いたとおり、私には肌に触れているうちに、その人の内面が浮かんでくるという不思議な感覚があって、いつもではありませんが、相手によっては悩みやコンプレックス、昔の傷が見えてしまうことがあります。形をとらないエネルギーとして感じることもあります。

おだやかに目を閉じているクライアントの肌を触っているのに、突然、泣き叫ぶ顔や怒りののしる顔、あるいは優しく微笑《ほほえ》む顔が浮かんできたり、ケアをしている間、子どもが足もとにいるのが見えたり、付添人のように施術を見守る年配の男性像が見えることもありました。

それでも私は、見えたものをクライアントとシェアすることはまずありません。感じとったそぶりさえにおわせないよう注意しています。

なぜなら、私はあくまでもエステティシャンだから。そこはきちんと境界線を引いています。スピリチュアルの専門家ではないので不思議なエネルギーを説明する言葉を持っていないし、無責任な言動から何かを引き出すことはできません。

ただし、私のケアによってその人の内面に何かが起こることはあります。

施術後、クライアントが「不思議ね、フェイシャルをしてもらっている間、ずっと父のことを思い出していたの」と話してくれて、「ああ、だから私もなぜかお父さんのことを考え始めたんだ」と自分の中で納得することはあります。

フェイシャルをきっかけに、その人の内面でスピリチュアルジャーニーが始まったなら、その旅を続けるのかどうかは本人次第です。私がタッチすべきことではないと考えています。

とくに私が「何かを感じてしまう」クライアントは心に傷や恐怖を抱えている人が多いのが現実です。傷や恐怖は本人としても手放したいものなのに、なぜかお気に入りのボロボロの毛布みたいに、抱え込んでしまっているのです。

2年間ほど通い続けてくれているジョアンナ。彼女がはじめ訪れた理由は、彼女が通う女性専門のカイロプラクターからの紹介でした。

2人目の子どもの産後うつに悩まされていたジョアンナは、ありとあらゆる専門家のもとへ行き、治療を受けている最中とのことでした。私のスタジオに訪れたときは産後うつ病と診断されて6か月くらいの頃。「とにかく偏頭痛がひどくて、顔面も痛い。肌も薬のせいでボロボロだし助けてほしい」と言いましたが、その苦しんでいる様子は見た目からではまったく想像ができない、ごく普通の小柄でかわいらしい女性でした。

それから、月に1度の施術が始まりました。素直な女性で、通っている期間は、効果も順調で顔の表情も明るくなっていき、傷んでいた肌も健康な状態に戻っていきました。

1年後くらいでしょうか、彼女の訪問が1か月から1か月半、その次は2か月と徐々に延びていき、最後は途絶えました。クライアントの訪問が途切れる理由はさまざまなので、そういった場合は私から連絡することはありませんが、その後、思い出したように、ジョアンナから連絡がありました。「もうジュミのところにやっぱり行くしかない。偏頭痛がひどくて仕方がないから助けてほしい」とのことで、1年ほどぶりに彼女の顔を触ると、以前にあったストレスに層が増しているのが感覚でわかりました。

「どういうふうにこれを伝えよう……」

と考えているとジョアンナが、

「今回久しぶりに私の顔を触ってみて、何を感じた？　以前と違うものとか、何か感じた？」

と興味深々に聞いてきました。

私はその表情を見てストンと理解しました。痛みに苦しみ、痛みを取りたいと訴えているのに矛盾するようですが、彼女はその痛みをリリースしたくないのです。

ジョアンナに限らず、痛みやトラウマが、自分が存在する理由になってしまっている人もいます。痛みに苦しむ私、過去に虐待を受けたトラウマがある私、それぞれの傷が長く心に滞在すればするほど、その「傷がない自分」と向き合う手段がわからなくなってしまいます。それが自分の偽のアイデンティティをかたちづくる重要な小道具になってしまう……。

これは、傷によって同情を引こうとしているという表面的な話ではありません。

痛々しいことですし、もとは本人のせいではありません。かつて摂食障害やいじめに苦しみ、大好きだった兄を失った私も傷を抱えているわけで、だからそうした心の傷を手放せない苦しみも、よくわかります。

しかし、いくら同情できても、その傷は誰にも癒すことはできません。ぎゅっと握りしめた手のひらを開いて、「もう、捨てちゃいなよ」と促してくれる誰かは、どこにもいないのです。

解決の方法は、自分が傷を大事な小道具として握りしめていることに気づき、自分でその傷と向き合い、膿《う》んでいる傷口を治してあげて、前だけに進むことを決めること。つまり、自分の傷は自分にしか治せません。

「ジョアンナ、今ちょうどそれを考えていたところなの。どういうふうに言えば失礼にあたらないか考えたんだけど見当たらないから、感じたまま言うけど、この顔のコリやストレスって、あなたが自らかぶせている感じがする。本当は剥がしたくないような気がする。何か根本に存在するものを感じなくていいように、その上に何層にも重ねていって、それが逆に温もりになってる感覚……この意味わかる？」

「……うん、わかる……」

「私に何も説明しなくてもいいから、私が感じたものをゆっくり考えてみて。あなたがいちばんその意味がわかっているはずだから」

ジョアンナはたぶん、相当戸惑ったかもしれないし「ジュミがどうしてそこまで立ち入ってくるの？」と感じたかもしれない。ただ私は、彼女自身の力で痛みと向き合い、ゆっくりと手放していくことができたらと、心から願って言葉をていねいに伝えました。

残念ながら、その後の彼女には会えていませんが、自分の痛みや傷にきちんと向き合って自分の中の本当の自分、タマネギの芯の部分を、彼女が見つけて幸せに生きていることを願うばかりです。

慣れ親しんだ傷を言い訳に使っているなら、
それは癒えることはありません。
握りしめた手をほどけるのは自分だけです。

Laws of beauty 17

自分の「境界線」を知っておく

小道具が少ない人は素直だし、自分に正直。人に流されない強さがあります。そんな女性は輝いているし、マチュアな人です。

マチュアな人は、「自分には、これができる。でも、これはできない」と知っています。無理をせずにすむから、余計な小道具もいりません。でもこれは、簡単そうで難しいこと。

たとえば、仕事があって子どもがいたら、物理的に時間は限られます。また、働いていなくても、気を遣わなければいけない家族や親戚がいたら、精神的なエネルギーを使い果たすことになるでしょう。

つまりどんな状況でもみんな何かしら抱えています。

それなのに、人に頼まれて断れず、地域の係を引き受けてしまったら?

何かにつけて「ちょっと手伝ってほしいの」と甘えてくる友達に手を貸していたら？

最初は無理をして頑張って、「ありがとう、助かるわ！」と感謝されても、そのうち抱えきれなくなって、自分がパンクしてしまう。

「私にばっかり押しつけないで。頼らないで！」と相手を恨んでしまったり、喧嘩《けんか》になったり、あるいは自分で自分を責めてストレスで苦しむことになったり。

また、自分が抱えられる荷物の重さは人それぞれです。

「あの人は仕事をして子どももいて、趣味の活動もしてる。だから私だって頑張らないと！」

こんな考え方は無理のもとです。人はひとりひとり違う。ワインをボトル1本飲み干してもケロリとしているお酒に強い人もいれば、お菓子に入ったブランデーで酔ってしまう人もいるように、どちらがいい悪いではなく、単なるタイプの違いです。

大切なのは、自分が抱えられる荷物の量を知っておくこと。「できること・できないこと」と「自分が心地いいこと・心地悪いこと」を知っておくこと。その線引きをして、境界線を引くことができれば、素直で正直であっても無理をせずにいられます。私にそれを教えてくれたのは、レディー・ガガとの経験でした。

ガガと知り合ったのは、私が独立してまもなく、日本とアメリカの美容業界で15年間働いたのち、次の目標を考え始めていた頃のことでした。在籍していた一流スパで、ホテルの経営方針によってスタッフが全員解雇になる事件が起きました。不当解雇であり、裁判に勝った私たちにはのちに給与が支払われましたが、私は突然、無職になってしまいました。

スパに在職中から「ジュミはいつ自分のサロンを開くの?」と声をかけてくれるクライアントが複数いたので、私はその数人のお宅に伺う出張ケアを始めました。

機械は使わず、使用する化粧品は最小限。タオルなどすべて持参しても、機内持ち込みサイズのキャリーバッグに収まります。自分の手さえあれば、最善のケアができるエステティシャン――そう自負していたので出張ケアを気軽にスタートさせることができました。

最初はもともとケアしていた数人から始め、紹介でどんどん顧客が増えてきて、日々忙しくクライアントの家から家へと行き来する日々が続きました。

そんなある日、クライアントのひとりから電話がありました。

「ジュミ、急なんだけど、明日出張ケアをお願いしたい友人がいるの。行ってもらえるかな？」

「予約が入ってないから大丈夫ですよ」

「友人って、レディー・ガガなの。いいかしら？」

そのクライアントは芸能関係につながりが多く、それまでも著名なミュージシャンや俳優を紹介してくれた人でした。「わかりました」と私は引き受け、指定された場所に向かいました。

２０１４年1月26日。なぜ日付まで覚えているかといえば、第56回グラミー賞の授賞式当日だったから。ガガは大勢のスタッフとともにステージに上がるための準備をしていました。

著名人の場合、ＮＤＡ（Non Disclosure Agreement）という契約書を交わしているので、具体的な施術内容やそこで見聞きした詳細は口外できません。だから差し支えないことだけを書きますが、ガガの肌はとても素直できれいでした。私の手が話しかけるとすぐに答えてくれる肌なので、すごくやりやすいのです。

私が人の肌を触って感じとるストレスには2種類あり、日々の忙しさや対人関係からくる外的なストレスと、自分がずっと抱え込んでいる内的なストレスがあります。外的なストレスは生きていくための必要経費みたいなもので、ゼロの人はいません。

ガガのような世界の大スターなら、外的なストレスは当たり前のようにあるでしょう。でも、内的なストレスがほとんど感じられない――これはセレブと言われる人の中でも非常に珍しい感触でした。

物事を「白と黒」で決めている人は、内的なストレスがたまりやすくて顔が硬直しているケースがほとんどです。でも、ガガにはそれが一切感じられなかった。

「ありがとう。私の顔、15歳みたいじゃない?」

2度目のケアが終わったあと、鏡を見た彼女はこう言いました。

ガガをはじめ、超多忙な大スターたちは、たとえ10分しかなくても「こういう肌にしてほしい」という要求をはっきり伝えてくれます。ですから、その場にプロとして雇われている私は、その10分で最大限にできることをして、１００％結果を出さなければいけません。

そもそもそういう人たちは常に時間がなく、「今日は1時間あるから来て」と言われても、行ってみると「15分でなんとかして」ということもよくありました。

その場合、普段2時間かけてやっているのとまるで同じケアはできません。言葉の会話、手と肌の会話、心と心の会話と3ステップをていねいに踏むことは無理です。それなのに「なんでもお任せください！」と境界線を引かずに安請け合いしたら、全部が中途半端になり、結果は出せず、信用を失います。

そこで、「むくみを取って顎のラインをすっきりさせたい」とか「肌をワントーン明るくしたい」という相手のいちばんのリクエストを聞き、そこに集中してケアをする――つまり、その場でいちばん必要なことに全力を尽くす。それが相手も自分も納得がいく結果を出すための境界線の引き方です。

ガガに限らず、アメリカのトップに君臨する大スターたちの共通点は、はっきりと何が必要か明確に口頭で伝えてくれること。言葉を濁すことはなく、たとえ難しいことであろうがきちんと明確に伝えてくれました。

境界線の大切さを知っているプロフェッショナルだからでしょう。


「これはできる」「あれはできない」

自分できちんと線引きができること。

そしてそれをきちんと伝えること。

最低限の大人のたしなみです。

18 Laws of beauty

わがままではなく正直な人になる

「ねえ、ジュミ。平然としているけど、どんなにすごいことをしたかわかってる？あんなふうにガガの顔を触れるっていうのは、奇跡的なことだよ」

ある日施術を終えたあと、周りの人たちに口々に言われました。レディー・ガガはとても感覚が鋭い人だからと。

最初にガガのフェイシャルを担当した出会いから始まり、2015年にツアーから戻って数日後からの4年間はほぼ毎日、自宅、現場、ツアー先で、私は彼女の肌をケアすることになりました。

アルバムのプロモーション、イベント、世界ツアー。全米どころか世界ツアーは一度旅立つと1年ほどは旅して回ります。下の娘がまだ幼く完全に家を留守にするには、夫が子どもの扱いがうまくても限界がありました。そこで「最長で2週間」と〝自分の境界線〟を伝えたところ、「それじゃ、ジュミは最長で14日間ツアーに同行したら、自宅に数日間帰る。それからまたツアーに合流する、そんなスタイルにしましょう」という特別な配慮をしてもらうことになりました。

２０１５年から出演したテレビシリーズ「アメリカン・ホラー・ストーリー」の現場や、アメリカの国民的イベント、スーパーボウルでの2年連続歌唱。アルバム「ジョアン」の制作。そして映画『アリー　スター誕生』。あらゆる場面で、私はガガの専属エステティシャンとして、自分の役割を果たしました。

２０１６年には「ジョアン」がリリースされ、「ＳＭＡＰ×ＳＭＡＰ」や「ＮＥＷＳ ＺＥＲＯ」、「スッキリ!!」などに出演した来日プロモーションにもガガのスタッフとして同行しました。

Netflixで配信されたドキュメンタリー映画『レディー・ガガ：Five Foot Two』をご覧になった方は、人間としてのガガの魅力も感じとられたのではないかと思います。

私も現場にいましたが、疲れているときは疲れている、ストレスがあるときはストレスがある、触ってほしくないときは触ってほしくない、触ってほしいときは触ってほしい――自分の内側をきちんと正直に伝える強さを、私は彼女に見せてもらいました。

気分次第のわがままと、自分に必要なことをストレートに伝える正直さは180度違うものです。

「時間内でこういう効果を出して」というリクエストは、私にとってはとてもやりがいのあるチャレンジでした。

その言い方にまったく嫌味を感じないのは「プロとしてのあなたの技術が必要」という相手へのリスペクトがこもっているから。

ありがたいことに、彼女との間で、クライアントと施術者としての関係を超えた信頼関係を築けたのは、心の底から笑いも涙も共にシェアできたおかげです。

「女性は強いものだけど、助け合わなくっちゃ」

特別なギフトを持ち、全世界を舞台に大きな責任を抱えている彼女の深みのある発言を聞いていると、人生を味わい尽くした年配者のように感じることもありました。

彼女に出会ってから、私はマチュアとは年齢に関係がないこと、正直であることは何よりも誠実で親切なことだと知った気がします。

自分の内面をきちんと正直に伝えられるのは
大人の証《あかし》。
してほしい、してほしくない。
本音は、本当のところで相手のために
なることがほとんどです。

Laws of beauty 19

「うまくいかなかったこと」こそ「使える」経験

2018年のワールドツアーを終えたあと、私はガガの専属エステティシャンとしての役割に区切りをつけ、自分のスタジオのほうに軸足を移すことにしました。

娘も2人になり、母親業が多忙になったこともありますが、いちばんの理由は自分の技術に確信が持てたから。

「私の顔がこんなに変わるのはジュミのおかげよ。あなたのギフトはすごい」と、いつも言葉に出して伝えてくれる大勢のクライアントによって、「自分には他とは違う何かのギフトがある」という私の中の自信は確信に変わりました。

サロンに月に何回か来るというクライアントと、ガガのように毎日ケアすることでの効果の現れ方。私のケアによって「こういうふうに人間の顔は変わっていくんだ」とその変化を目の当たりにできたことも幸運でした。

プロとしての技術と生まれ持ったギフトとを融合させた独自の手法を磨きながら、それをより大勢の人のために使いたいと考えるようになったのです。

さまざまな経験は、自分がどこまでなら耐えられるか、どこまでなら受け入れられるかということも教えてくれました。新しいこと、未知のことに挑戦するのも怖くなくなりました。

不安というのは、どうなるかわかっていないから湧き上がる恐怖心です。でも、経験を積み上げることで、「本当にピンチになると、私はこんなふうにヘコむ」「こんなときにはこうなる」と自分のパターンを把握していれば、「最悪でもこうなるだけだ」と考えて、落ち着くことができます。

経験というと、いいプロセスといい結果、成功や達成というプラスのものばかりを積み上げたくなりますが、本当の経験とは、「こんなときにはこうなる」という成功も失敗も含めた「あらゆる可能性の実体験」です。

だから、うまくいかなかった体験こそ、未来では「使える経験」になる気がします。

過去の成功体験は思い出すのは気持ちいいけれど、自分を前に進ませるエンジンになるのは、うまくいかなかったほうの経験のこともよくあるのです。

成功体験の積み上げはもちろん楽しいものです。
でも、失敗体験から得られることこそ、
将来的には「使える経験」になる気がします。

「言わなくてもわかって」はNGワード

私が見つけた自分への自信。自分に自信があれば、それは相手にも伝わるので、信頼関係は築きやすくなります。そして実際にケアをすれば、確実に効果が出るのでさらに信頼してもらえて、そこに良いスパイラルが生まれます。

「副鼻腔の詰まりを流すことで鼻で息がしやすくなるし、むくみが取れる」

「食いしばっている咬筋《こうきん》をゆるめていくと、顔が細くなる」

「顎の下にたまったリンパ液を流せば輪郭がシャープになる」

こうしたケアで、毒素がたまりにくい状態にすれば、肌はみるみる変わっていきます。アメリカ人が理想とする「頬骨が出ていて、ほっぺたはシュッとして、顎のラインがくっきりしている」輪郭をゴールとして施術するわけですが、施術をする前から信頼関係が築けていたら、より効果が出ます。最初から「この人に任せれば大丈夫」

と思ってもらえるかどうかで、心を開いてくれるかどうかも変わり、結果も変わります。

私もかつてはありとあらゆる最先端の機器を使ってきましたし、今も最先端技術の知識について勉強は欠かせません。でも、それをわかったうえで最終的に選び取ったのが、自分の両手でした。

「こんなエステティシャンがいるの」という紹介を受けて私のスタジオにやってきたクライアントの中には「えっ、こんなにシンプルなの？」と拍子抜けした顔、あるいはこれで本当に何ができるの？　という顔をする人もいます。他のサロンとくらべるとあまりに飾り気がないからです。

たしかに機器がたくさんあれば、エステっぽい。でも、どんな機器よりもハンドマッサージのほうが効果があると確信している私は、華やかさでクライアントの信用を得るのではなく、結果で得ることに集中しています。

豪華な設備のかわりにあらかじめ信頼関係を築く方法はなんだろうか、と考えた末、私が心がけているのは、言葉で説明できる人になるということです。

アメリカ人は説明が大好きな人種です。エステティシャン、メイクアップアーティスト、ネイリスト、ヘアスタイリストなど、手先が器用で一流のセンスと技術を持っている日本人は多く、アメリカで働く人もたくさんいます。

それなのになかなか名前が表に出てこない第一の理由は、日本人は自分のこと、自分の技術についての説明をあまり重要視しないからではないかと私は感じます。まったく違う言語だからというのももちろんありますが、大切なのは「完璧な英語」ではなく「伝えよう」とする意志です。

そういう私も、最初は英語がしゃべれない、聞き取れない状況で、いまだに日本なまりです。アメリカに来てはじめの10年は、自分がしていることの説明が苦手でした。

たとえばメイクアップアーティストだった頃、「どうして眉の形を流行に合わせて変えないのか」ということを伝えることができず、悶々としたことを思い出します。本来の骨格に沿って生えている眉のラインを生かすと全体のバランスを整えやすく、流行と同じにするよりもずっと美しくなるから、という理由があって眉はあまり手を入れないのですが、そこまできちんと英語で説明できなかった。

そうすると相手は納得してくれません。「なぜジュミは流行の眉にしてくれないの？」となってしまいます。そして周りを見渡せば、技術はほどほどでも自分のアピールが上手な人たちが認められ、成功していきました。アメリカという国は、技術より自分を売っていくことが大切だと、その当時は痛感したものです。

日本にある「黙っていても実力があれば結果がついてくる」「言わないことが美しい」というのは、アメリカでは通じません。「力がないからアピールできない」と判断され、自分の存在さえ認識してもらえません。

そこで私は、自分がどういう考え方で、それに沿ってどういう施術をするのか、そしてどういう理由でどう効果があるか、きちんと説明することにし、とことんクライアントの質問に答えていきました。英語の文法なんて気にせず、ひたすら説明する自分に慣れていく練習をしました。そのうえでケアをして、説明どおりの効果を実感してもらうことで、信頼を築くのです。

なぜ、自分がこれをするのか、言葉できちんと説明する。これはエステティシャンの仕事に限らず、誰しも、どのような状況でも練習するといいと感じます。

子どもに対しても、ただ「それをしちゃダメ」と禁じるより、「こういう理由で、マミーはあなたにこれをしてほしくない」と説明するほうが効果的です。友達に対しても、「こういう理由で、私はそのイベントには行かない」と説明する。これができると、相手も自分もすっきり納得できます。言葉で説明することから、信頼関係が育っていくのです。

「言わなくても伝わる」はずはありません。
何事も言葉できちんと説明しようとすることは、
自分への自信の近道となります。

Laws of beauty 21

「アピール競争」には参加しない

「なんでもっとインスタグラムやフェイスブックで宣伝しないの？　ジュミならインフルエンサーになれるし、今の何倍もスタジオを大きくできるよ」

たしかに著名人を顧客に持つセレブリティ・エステティシャンと言われる人たちは、SNSの発信を大切にしています。クライアントであるセレブと一緒に撮った写真、ビバリーヒルズの豪華なスタジオ、テレビ出演のお知らせ……。こうした情報の他に、素敵なパーティやレストランでのひととき、最近買ったバッグやかわいいペットまでSNSにあげるのが、仕事の一部でありパブリシティになっているようです。

しかし、私が考えるスキンケアは、華やかなイメージとは真逆です。とても地道で、地味な行為。肌を本当に変えようとする努力は、辛抱と忍耐なしには続きません。

昔の化粧品の広告は、有名な女優さんやモデルさんの写真とともに商品が載っていて、「彼女みたいな肌」という個々の想像力のもとで、みんな日々のお肌のケアをオリジナルに工夫して実践していました。ただ今は、SNSの発達とともに、昔は広告でしか見られなかった「憧れの肌」がクリックひとつでその彼女の〝日常の様子〟まで見られた気になります。そして、その多数存在する「憧れの肌たち」が今日はこの化粧品、でも明日はこっちのブランドのセラム、などと取っ替え引っ替え化粧品の話をします。

「あんな肌になれるなら」「○○が言ってた化粧水が合わなかったから、次は○○ちゃんオススメの乳液を使ってみよう。きっと彼女のようになれるはず！」と、見ている側は、それらを試し続けることになります。

こういったサイクルの繰り返しで、今は化粧品難民がどこを見てもあふれています。使うだけでセレブ気分になれるはずの化粧品を追いかけ続け、たまたま自分の肌に合うものもあれば逆に自分の肌にダメージを与えるものもあって、みんな混乱しているのです。

私はスキンケアに関しては、「反トレンド」。スキンケアとは、自分の肌を追い続けるのであって、他人の肌を追うものではないと思っているからです。私ももちろん

SNSはしていますが、原則的に「他人美容（他人にやってもらう美容）」ではなく「自分美容（自分が自分を手入れする美容）」を追求できるメッセージを配信しています。

SNSでの発信力の競争のような状況を見ていると、私はメディカルスパに勤務していた時代を思い出します。

セレブリティ相手の豪華なメディカルスパやホテルのスパでは、エステティシャン同士の競争がありました。技術は誰が1番か、トップセールスは誰か、誰がVIPを担当するのか——この競争では、しばしばアピール上手な人に負けてしまい、悔しいこともありました。

でも振り返ってみれば、これは私が自分の強みを見出す訓練の場でもありました。自己アピールではなく、きちんと言葉で説明し、納得してもらう。いちばん声が大きくなくても、安定したていねいさと確実さで勝負して、最高の技術でクライアントの肌を劇的に変化させる。そんな私流の方法が見つかったのです。そこから白人ばかりの一流エステティシャンの中でトップになれたことは強い自信になりました。

こうして起業したときには業界での自分の立ち位置がしっかりと見えていました。

アメリカで他の誰もが実践していないことを、私ひとりから広めていこうとしているわけですから、ある意味孤独なひとり相撲《ずもう》です。「他のエステティシャンを敵に回しているの？」と美容ライターに聞かれたこともあります。

自分のペースで、自分の信じる手段をひとりでも多くの方々に体験してもらうことで、みんなと並んで流行《はや》りのものを使うことが美容ではないのだ、ということを実際に体感してわかってほしい。

そういう思いで私は自分をもっと尊重し、目の前のクライアントに全力を尽くそうと決めました。「スタッフを増やして大勢をケアするシステムにすればいい」という勧めもありましたが、それは私の流儀に反します。とにかく本業に集中できるよう予約は厳選する。クライアントと一対一で向き合う。それが私の出した答えでした。

すると、「ひとりのお客様の後ろには何十人ものお客様がいる」という言葉どおりに、効果を実感したクライアントが他のクライアントに広めてくれるようになり、信頼できるクライアントの顧客リストができあがっていきました。

独立した当時は、「ガガの元専属フェイシャリスト」と話題になり1日に7、8人もケアしていたこともありましたが、今はそんなことはありません。少数であってもお互いに信頼できる顧客とのつながりのほうが、私には心地よく思えます。
よく知らない大勢の人から、なんとなくの「いいね！」をもらうよりも、目の前のひとりを大切にしたいと思っています。

自分をきちんと伝える力は、ベースの実力があってはじめて成り立つものです。
まずは自分の実力を磨くという地道さはいつも心に持っていたいものです。

Exercise

私の「化粧品」の声を聞く

化粧品は、ただ単に顔や体のお手入れをするものではありません。家の中にためてしまっている化粧品があれば、整理することで心を整えることができます。
基礎化粧品は３本（３種）で充分。
あなたに本当に必要で、あなたがあなたらしく輝ける化粧品に出会うために、まずは心の棚から整理しましょう。

今持っている基礎化粧品のボトルの数　　　　本

手持ちの化粧品をピックアップ

アイテム　　　　なぜ買った?

アイテム　　　　なぜ買った?

アイテム　　　　なぜ買った?

アイテム　　　　なぜ買った?

アイテム　　　　なぜ買った?

いらないかもしれないもの

Chapter

4

ないものねだりをしない

Laws of beauty 22

「ないほう」を見ているかぎり心はいつも不幸せ

コップに半分、お水が入っているとします。「半分しか水がない」と思うか、「半分も水が入っている」と思うか……。よくあるポジティブ思考のたとえです。

あなたはどちらのタイプでしょう？

２０１０年にアメリカで公開された、オスカー賞を受賞したドキュメンタリー『Waiting for "Superman"』という映画の中で、国民性を明確に示すとても興味深いシーンがあります。

２００３年に行われたＯＥＣＤ ＰＩＳＡ（Programme for International Student Assessment）という15歳の生徒たちに行われる30の発展途上国の一斉テスト。そのテスト結果はアメリカは24位。日本が2位、韓国が3位でした。

30か国のうち8か国の生徒に向けて、「あなたの数学のテスト結果を自己評価してくださいと聞いたところ、アメリカは72％がよくできたと評価してダントツ1位、日本は28％だけで最下位8位でした。

この結果からも判断しやすいように、アメリカはダントツ「コップ半分もある」と考える国民性で、日本は実力があるにもかかわらずアメリカの真逆、「コップ半分しかない」と考える国民性と言えるでしょう。

日本人によくある傾向として、心配性で不安がり、自分にあるものではなく、ないものについて話したがります。私にはこれがなくて、こういう能力が足りていないと。「私なんか平凡で、夫も子どもも仕事もパッとしない。最近はほうれい線もひどくって」といった具合に自己肯定感が低く、万事が否定的です。でも、こういう人と話していると周りもなんだか気分が落ちてしまいます。

アメリカの人は基本的に「半分もある」とポジティブですが、マチュアな人はそれを他人にアピールせず、ライフスタイル化しています。自分自身に対して「これもある、あれもある、私はたくさん持っている（物ではなく）」と言い聞かせ、ほめてあげる。そうやって自分の今に感謝をして、好きになることが大切です。自分自身を好きじゃないと、美しくはなれないから。

私自身も周囲のたくさんのマチュアな女性たちの姿からそれに気づき、いまだに毎日のように「あるものを見る」ことをリマインドしています。

「私には、自分のための時間をとる価値がある」

「私には、ていねいに肌をマッサージするだけの価値がある」

「私には、自分の努力を認識する価値がある」

そうやって自分の価値を認めて、自分にもっと興味を持つといいのではないでしょうか。自分に足りないことは数えず、自分にあるものだけを見て、それをちゃんと認めて評価する。これは心のバランスを整えるうえでもとても大切です。

アメリカには心理カウンセラーがたくさんいて、行きつけの歯科医に通うように、定期的にカウンセリングを受けにいく人は珍しくありません。

クライアントのステファニーも心理カウンセラーです。臨床心理士の資格を持っていて、自分のクリニックもある。あらゆる人の心の悩みをケアするプロフェッショナルです。

彼女の肌に初めて触れたとき、私はあまりの硬さにびっくりしました。そのうえ、体の力がまったく抜けないのです。

「リラックスしてくださいね。あたたかいお湯に浮かんでいるみたいに力を抜いて」

ハンドマッサージをしながら促しても、肩にも顎にも力が入っています。そして、私が右側をケアしようと体の向きを傾けようとするなり、ステファニーはぱちりと目を開けて「OKよ！　右向きになったほうがいいわね」と言い、ゴロリと動きました。

この人は、なんでも自分でコントロールしたいんだな、と気がつきました。人形のようにくったりと力を抜いて、体を右に向けられたり、左に向けられたり、なすがままになったほうがリラックスできて、ケアの効果も出やすいものですが、ステファニーは、次は右をケアするのか、腕を持ち上げたほうがいいのか、ずっと緊張状態で私の様子をうかがっていて、それを先回りしようと待ち構えている状態でした。

全身が硬い中でも側頭筋がとくに硬く、「よくこれで生活していましたね」と言いたいくらいの状態です。施術の最初に話をした際、偏頭痛がひどいと言っていたのも納得できました。

「肌をきれいにしたいっていうより、頭痛をやわらげられたらと思ってあなたのところに来たのよ。肌なんてクリームを買ってくれば自分でできるからお金のムダ。でも、頭痛はお医者さんやマッサージに行き尽くしたけれど効果がないし、自分じゃ治せない」

ステファニーは、自分で努力していろいろなものを手に入れてきた人なのでしょう。「自分にはこれが足りない」と思ったら、それを努力して手に入れる。ないものを見つけ、それを自分の力で補うことの繰り返し。

努力家とは生まれ持った素晴らしい素質ですが、「完璧」をいつも目指していたら、永遠にゴールにたどり着けません。「あれも足りない、これも足りない」と常に欠乏感にかられ、誰にも頼らずに永遠に頑張り続けることになってしまいます。

ステファニーの性格と職業が噛《か》み合わさって、彼女はきっとくたびれるだろうなと思いました。それが偏頭痛というかたちのSOSになっているとも思えました。

誰だって大切にされ、いたわってもらう価値があります。人の助けを受け入れ、人にケアされる心の準備から始めてあげないと、ステファニーの役に立てないな、と私は感じました。

「私、少しほぐれてきたみたいね。力が抜けるようになってきたわ」

ステファニーが言ったのは、3回ほど本来のマッサージをせずにひたすら「触られることに慣れてもらう」というケアだけをしたあとでした。

人から助けてもらっていい。誰かをケアをするだけじゃなく、まずは自分自身のケアから始めないと他人のケアはできない。自分に足りないものを、完璧に得ようと、自分の努力だけで補おうとしなくてもいい。人の力を借りていいのです。

まずは自分のコップには「半分も水がある」とポジティブに自分の価値を認めるところから始めましょう。

そして残りの半分は、家族や大切な人、出会う人たちによって満たしてもらう。

そのほうが、「半分しかない」と自己否定したり、完璧主義に陥ってひとりで満タンを目指して頑張るよりも幸せになれます。だいたいコップの縁すれすれまで水があったら、こぼれてしまうんじゃないでしょうか。


「完璧な私」を目指す必要はありません。ないものを足そうとせず、誰かに補ってもらうのもアリなのです。

Laws of beauty 23

美容整形したくなったら2年待つ

「ジュミさんは美容整形には反対ですか?」

ハンドマッサージだけで女性はきれいになると話しているせいか、取材の際は必ずと言っていいほど、整形について聞かれます。

私自身が目の整形をしているし、美容外科の先生と仕事をしたこともあります。まったく整形反対派ではありません。今ある自分をより良くするための整形なら賛成派です。

ただし、美容整形だけに頼るのは反対。「生まれ変わりたい」「自分を好きになりたい」という動機で美容整形をする人は、自分を見失ってしまいがちです。

「シャープな顎になりたい」と整形をしても、心まで生まれ変われるわけじゃない。そこで「次は唇をぷっくりさせてみよう」とさらに整形することになります。

自分にすでにあるものの価値を認められない人が、自分にないものを手に入れても自信は得られません。もっと大きな目、もっと高い鼻、もっと膨らんだ唇を求めてしまうことになるでしょう。その結果、整形を繰り返し、自分らしさを失った人をじつにたくさん見てきました。

整形するなら、自分にすでにある魅力を知り、その魅力を最大化する意識でやる。今の自分に足りないものを足す感覚で整形はしてはいけない。魅力を最大化するものなのか、足りないものを足そうとしているのか、その線引きが必要です。

プチ整形と言われるヒアルロン酸やボトックスの注射は珍しくなく、多くの人は気軽に行っています。でも、「自分にないものを足す」という感覚で行っている限り、そこに本当の意味での満足は得られません。

そして、気軽に始めた注射は、以降ずっと打ち続けることになります。ヒアルロン酸やボトックス注射の結果をたくさん見てきましたが、注射で入れた「異物」が固まってしまい、表情まで変わってしまったクライアントたちを私は知っているので、「気軽に」やるようなものではないことをいつもお伝えしています。

また、もしも友人に、「夫がすごい美人と不倫をしたから、整形して見返してやりたい」という相談を受けたとしたら、私はまず「1年待ってみて」と言います。

なぜなら整形は、健康なメンタルでつき合わないと危険なものだから。浮気されたから整形したい、というのは、夫の不倫という出来事への「リアクション」、ただの反応です。同時に、「リアクション（re-action）」の「re」は繰り返す、という意味があり「誰かの行動（action）を、繰り返している（re）」ということ。不倫という夫の悲しい行動を、整形という悲しい行動として自分が繰り返すことになります。

相手の行動を繰り返すだけなので、そこに自分の意思はない。揺るがない核もない。「今ある自分をより良くするための整形」なんてできっこありません。

だから、リアクションの時期をやり過ごすために、1年という時間をつくります。自分の気持ちが落ち着いてから、「なんで整形したいの？」と自問してもらいます。

1年たって、リアクションがおさまっても整形したいとき、その理由が不倫相手への対抗意識なら、やっぱり自分の持っているものを見ていません。ライバルが持っているもの、彼女にあって自分にないものを欲しがっているだけです。

あるいは、夫に「おまえは老けたブスだ」と暴言を吐かれたのが整形したい理由なら、それは夫の側の問題。人を傷つける言葉を平気で吐ける人間は、自分の中にあるわだかまりを人にぶちまけているだけ。魅力がないのは夫のほうです。

それでも裏切られた悲しみや痛みは大きい。そして多くの女性が、悪いのは向こうなのに、自分批判に陥り、傷ついてしまいます。でも、不倫によって「自分に価値がない」と思わされた傷を、整形で治そうとしても無理があります。絶世の美女に整形したとしても「自分には価値がある」とは思えないからです。

このような自問自答を繰り返し、自分を見つめ直すには、2年くらいかかります。

2年間かけて自分を見つめ直したのちに、それでも整形したいのであればすればいい。そう私は思っています。

整形手術は、きれいになっておしまいではなく、一生、メンテナンスが必要です。

クライアントのコートニーは、鼻と耳のところに大きな傷がありました。鼻は若い頃の整形の跡で、当時は技術が今ほど高くなかったのでしょう。耳の傷はよくあるもので、フェイスリフトをした跡。シワを伸ばすために耳に沿って顔の皮膚を切り、ぎゅっと伸ばして縫い縮める手術です。手術直後はぴんと張った顔になりますが、繰り返すうちに引きつったような〝フェイスリフト顔〟になる。この整形を何度もしている人たちは、元の顔立ちは違うのに姉妹のようにそっくりになっていきます。

傷があるとリンパの流れが滞るため、顔がぱんぱんになりますが、コートニーも傷跡とフェイスリフトの影響によるむくみに悩んでいました。

しかも、かつては裕福だった彼女ですが、夫が病気を患ったのを機に経営が不可能になり破産寸前の状況。彼女は肉体的にも精神的にも参っていました。

「整形の後遺症ですね。傷は消えなくても傷跡まわりの筋肉がやわらかくなると、表情が変わりますから、自分でマッサージしてください。伸び縮みがしやすくなると、リンパもずいぶん流れるようになりますよ」

マッサージによる変化は小さな変化だけれど、自分自身で起こした確実な変化です。少しずつ顔が和らいでいったコートニーは、「お手入れって、本当はこんなシンプルなことだったのね」と微笑《ほほえ》みました。

大切なのは、自分で自分を手入れし、自分の力で「私は美しい」と思えるようになること。彼女にそれが伝われば、と私は念じていました。

嫌なことがあると外面に目を向けて、整形や注射で自分に何かをつけ足そうとする人はたくさんいますが、嫌なことに「反応しない」姿勢をいつでも持っているのが、マチュアな人だと思います。嫌なことはいいことがある前兆だと、人生の先輩たちは私に教えてくれました。

困難は「チャレンジしてみなさい」という宇宙からのメッセージ。チャレンジのない人生には色がないし、ユニークさもありません。ユニークさは、それぞれの人生を生きる中での困難を乗り越える経験が生み出すもの。そしてそれは、整形よりも確実に、自分を魅力的にしてくれます。

だから私はつらいことがあると、おまじないのように自分に言い聞かせます。

「あっ、よかった。このあと、いいことが起こるんだ」

困難なストーリーは、困難のままでは終わらず、最後は絶対にハッピーエンド。困難を乗り越えるときに、自分だけのユニークさは養われる。そう自分に言い聞かせて、一歩前に足を踏み出してみませんか？

何かに対して「反応」ではなく、
「対応」できていますか？
一度自分の中にきちんと
受け止める練習は、日常を地に
足着いたものにします。

Laws of beauty

24

スケジュールをあえて満タンにしない

あなたは常に新しいものをショッピングするのが好きでしょうか？

新しい服が好き、新しい化粧品が好き、新しい靴が好き、いろいろあると思いますが、たくさん買ったら、「もう、一足も新しい靴はいらない！」と一時期は感じるかもしれませんが、残念ながらその満足度も長続きはしません。

自分の物欲に応えれば応えるほど「もっと欲しい」となるのが物欲の正体です。

たとえばブーツをたくさん持っていても「今年の形のブーツが欲しい」と考える。秋にぴったりの新しいショートブーツを買ったら、「あっ、私、ブラウンのローヒールは持っていない」と、持っていないものに気がつくという具合に、終わりのない「ないものねだりのループ」に陥ります。

クライアントのジュリーは、まさにそんな人でした。

年齢は絶対に言わない、年代すら言いたがらないジュリー。

お肌の感じを見て判断すると70代後半だと私には思えました。シワひとつない顔を見れば、あらゆる美容整形をして、歳《とし》をとることと徹底的に戦っているのだとわかります。大金持ちのマダムであるジュリーは、結婚してからは専業主婦として子育てに専念しましたが、夫はすでに亡くなり、2人のお子さんもとっくの昔に独立してひとり暮らしです。

「亡くなった夫と私は、同じ大学の法学部で知り合ってね。私も弁護士資格を持っているのよ」

夫は弁護士としてもやり手だったそうですが、株の投資にも成功し、巨額の資産を築きました。

そんなジュリーの口ぐせは「忙しい」です。私のところにはジュリーの紹介で通うようになったステラというクライアントもいて、ジュリーの予約の直後にステラの予約が入ったりすると、2人は一瞬、スタジオで顔を合わせることになります。

「あらジュリー、元気？　すっかり涼しくなったわね」

そんなふうにステラが話しかけると、ジュリーは「ハーイ」と応じますが、すぐにこう続けます。

「ごめんなさいね、私は無茶苦茶に忙しいのよ。あなたとおしゃべりしているような暇はないの。悪いけど失礼するわ」

ステラは長々と世間話をしたわけではありません。友達同士がする、なんでもない立ち話をちょっとした、いや、しようとしただけです。それでもジュリーが嵐のように去ってしまうので、ステラはその後ろ姿に向かって、「またね、ジュリー！　私はいつも暇だから気が向いたら電話してね！」と叫ぶというのがいつものパターンです。

ジュリーはたしかにとても多忙です。精力的に世界中で社会奉仕活動をしていて、ボランティア団体への寄付を募るパーティ、アートの支援パーティ、募金活動などでスケジュールは常に満杯。新型コロナウィルスが蔓延する前は、アメリカの国中はもちろんヨーロッパやアジアへも飛びまわっていました。その合間に私のフェイシャルを含めた美容関係、整形のメンテナンス、歯のホワイトニングやヘアサロン、ネイルサロン、パーソナルトレーニングもこなし大忙しです。

ジュリーは私のもとに訪れた当初、まったく体の力を抜くことができませんでした。

びっしりと詰め込まれた彼女のスケジュール帳さながら、体も何かがぎっしり詰め込まれ、やわらかさやゆとりがない、ガチガチとした状態でした。

3年ほどたった今でこそ、施術中に余計な力が抜け、ときどきいびきをかいて寝ている彼女の姿に、気が抜ける空間を一時でも提供できたうれしさがこみ上げますが、私は、ジュリーを知れば知るほど、忙しさの背後に隠された「孤独さ」が見えてきました。

ジュリーが若い頃は専業主婦のお友達もいたのかもしれませんが、現在のジュリーの周囲は男女問わず華やかなキャリアを持った人ばかり。成功者は成功者と結婚するとばかりに、成功した男性のパートナーは、第一線で活躍している女性が多いものです。

自分をメンテナンスし、10も20も若い人たちと一緒にチャリティ活動をしていても、仕事の話になると、ジュリーはついていけない。そこに競争心を抱いて、ジュリーはいつもなぜか急いでいて「私もまだまだ若さと勢いについていかないと」と思っているようでした。

いつも何かをしていることで、孤独から逃れて自分の価値を他で見出そうとしている。とても凛《りん》とした素敵な女性なのに、「若さ」と「競争心」にとらわれる気持ちが、もっと自分を孤独に追い込んでいるように私には見えました。

施術に訪れるたびに「今日は機嫌がいいな」「今日はかなり疲れているな」と感情が表に出るジュリーは素直で純粋、ときどき、亡き夫の昔話をしてくれるときの瞳は少女のようです。

孤独や自信のなさを紛らわせるために、慌ただしいスケジュールで埋めようとしている……。80近くになってもその状態が続いているジュリーを見ていると、ないものに注目して自分の外にそれを求めて埋めようとするよりも、まずすでにあるもの——健康な体、2人の立派に成人した子ども、そして愛情を注いでくれる孫たち、充分に豊かな暮らし——に視点を戻すことができたなら、どれほど彼女は自由になれるのだろうと感じました。

自分を満たすために必要なのは、予定ではありません。外の何かで自分を埋めようとしても、決して心は埋まらない。

あえてスケジュールをあけて、「自分にあるもの」を見つめ、そこから「必要なもの」を見つめ直すのが、幸せでマチュアに生きる秘訣《ひけつ》だと思います。

自分の外を埋めようとするよりも、ゆったりした気持ちで
自分を見直す時間を持ちたいものです。
豊かな心は、豊かな時間が連れてきてくれます。

25 Laws of beauty

目標リストは埋めなくていい

成功し、完璧に見える人でも、「ないものねだり」をしていることはあります。

クライアントのリサは60代の元弁護士。自分の名前がついたビルがあるような人で、チャリティイベントや奉仕団体などを取り仕切っている偉大な女性。

小柄なのにとてもエネルギッシュな彼女はフェミニストでもあり、女性の権利のためのNPOの役員も複数務めています。初めて会ったときはそのパワフルな魅力に圧倒されました。

ところが、ケアを始めてみるとリサも想像以上に全身が硬い。筋肉がこわばっていて、まるで受け入れ拒否をしているように感じました。

「すごくガードなさっていますね。リサ、あなたが受け入れてくれないと、効果は出ませんよ」

マッサージをしながらそう伝えると、リサは答えました。

「わかってるのよ、私はゆるめるのが苦手なの。すごく硬くてごめんなさいね」

週に1回ぐらいの頻度でケアを始めましたが、しばらく通ったところで体がゆるんできて、少しずつ、本音も出るようになりました。おそらく私は害もないし、彼女に取り入ろうという下心もない、ただのエステティシャンだと信頼してくれたのでしょう。逆に言えば、最初はどこかしら、私を疑っていたのかもしれません。

「お金よりも大切なのは、価値がある仕事をすることよ。私は弁護士として人道的な行いをして、こんな賞をもらって……」

こんな話がほとんどだったのですが、私が化粧品ブランドをつくることになり、投資家と会っているという話をすると、急に人が変わったようにシビアな表情になりました。

「あなた、顧問弁護士はいるの？　投資家なんて簡単に信じちゃダメ。事業計画や理念も大事だけど、とにかく自分のお金は絶対に守りなさいよ！」

ひとりでも多くの女性にスキンケアのシンプルさを感じてもらいたいから化粧品開発を決意したと話した直後、いきなりまだ存在もしない遺産を守る話をされたのが意外でした。

多額の寄付をする大金持ちなのに、お金を失う不安や怖《おそ》れに非常に敏感なリサの姿に驚きました。

また別の日は、リサに意外な指摘をされました。

「あなた、全然おっぱいがないわね。いやだ、子どもみたい」

たしかに私はアメリカ人のようなボリュームのある胸ではありませんが、自分ではとくに気にしていなかったので、いきなりのこの指摘にあぜんとしました。何よりも、リサはがんで乳房を失った女性の尊厳を主張し、乳がん撲滅を目指す運動のサポートをしていたのです。「それなのに、なぜそんな発言ができるのだろう？」と驚きました。


これは数年彼女と向き合ってきた私の推測ですが、おそらく彼女の中には「自分はこうでなければいけない」「人にはこう見られたい」という「なるべき自分の目標リスト」があるのではないかと思います。それに外れてはならないと自分を律し、ないものは手に入れるのはもちろん、無意識のうちに他の誰かの「できていないこと」

「足りないこと」を指摘してしまうのでしょう。

それに、自分にあるものではなく、自分にないものに焦点を当てている限り、それは無限に現れます。そのリストは一向に完成しない、増え続けるリストです。

何十年とキャリアを重ねても、ないものねだりは終わらない——大人の女性の見本のように見えても、中身はまるでコンプレックスだらけのティーンエイジャーのような人もたくさんいるということでしょう。

成長するために目標は大切ですが、単なるないものねだりでは、延々と整形を繰り返すコンプレックスとの終わりなき争いと同じです。リサは肌もきれいだし、年齢不詳なほど若く見えるけれど、自分にないものに目を向けがちなのかもしれません。

もちろん、エステティシャンの私にできることは、あくまで肌のケアだけ。とくに何も言わず、手のひらで精一杯のケアをするのみですが、心の中ではずっと、リサに届くよう念じずにはいられませんでした。

「目標の無限リストはあなたには必要ないはず。ないものねだりのリストを捨てられたら、もっと美しく、幸せになれるはずです」と。

「やりたいことリスト」が「ないものねだりリスト」になっていませんか？
どうしてしたいか、どうして欲しいのか、
もう一度心に聞いてみましょう。

Laws of beauty 26

「足りないこと」が強みに変わることもある

私自身について言えば、ないものねだりをしなくなったのは、夫のおかげもあります。

夫と知り合ったのは、私がまだYamano Beauty Collegeの学生だった頃。ゲイの友達と遊びに行ったバーで、彼はバーテンダーをしていました。

そこはウエストハリウッドという、ゲイが集まるエリア。お酒を作る彼はすらっとしたブラックでかっこいいけれど、かっこいいからこそ、絶対にゲイに違いない……。ほとんど一目惚れの私を見て、ゲイの友達がお節介にも、ストレートかどうかを彼に確認、電話番号まで手に入れてくれました。

私からその夜のうちに電話すると、「当日、電話をくれるなんて」と彼は驚いていましたが、駆け引きをしている時間がもったいない。すぐにデートをし、「ルームメイトを探している」という話を聞いて、「私の部屋においでよ。すごく広いよ」と誘い、一緒に暮らし始めました。

バーテンダーはアルバイトで、彼の本業は俳優。でも、なかなか役がつかない――ハリウッドあたりにはこういう役者の卵がたくさんいます。自分でも不思議なのですが、私は「この人となら一緒にホームレスになっても楽しく生きられる」と直感しました。

私が日本に帰国して働いていた頃は別れていたとはいえ、長年、一緒にいました。籍を入れたのはずっとあとになってからですが、親友のような恋人のような夫婦。経済的にどっちが稼いでもいいし、2人とも稼いでもいい。私たちはそんな感覚を共有しています。

彼とつき合い始めた頃の私は、単語をつなげてかろうじてコミュニケーションしていましたが、10年も生活していれば、英語はうまくなります。相手の言っていることが細かいニュアンスを含めて100%理解できるようになり、こちらの意図も日本語と同じレベルで説明できるようになった頃、私は欲が出てきました。

日本のエステティック業界を経験してからアメリカに戻った私が在籍していたのは、メディカルスパ。医療的なことも説明する必要があったので、もっとプロフェッショナルに見せたい、アクセントを含めてネイティブのような完璧な英語を話したい、私はそう考えるようになっていました。スパの中でトップセールスを記録したこともあり、もっと上に行きたいという野心もありました。

「日本なまりの英語、ちゃんと直したいんだよね」

家で食事をしながらそんな話をすると、彼は言いました。

「ジュミ、英語が上手になるのはいいけれど、日本なまりの英語は君の強みだよ」

アメリカでは「日本人は努力家で真面目で信頼度が高い」と思われています。プロとして尊敬されているし、ある種の特別扱いを受けることもあります。

「君が日本なまりの英語で『この施術は医師の協力のもとで開発されたもので、エビデンスがあります』と説明を始めたら、アメリカ人は内容を聞かなくても50％は信じる。全部説明したら確実に100％信じてもらえるはずだよ。それだけで特別なエステティシャンになれるじゃないか。ネイティブのアクセントじゃないのが何？　ジュミはもっとすごいものを持ってるって、僕は知ってるよ」

夫のこの言葉に、私は勇気をもらいました。私がクライアントに信頼されるようになっていったのは、勉強や経験という自分の努力だけではなく、彼が「ないものねだりをするのではなく持っている素材を磨くこと」と日々唱えるように導いてくれたおかげでもあるのです。

夫も私も、完璧とはほど遠く、むしろ欠点だらけです。でも、誰だって、たくさんの欠点があるし、そこがいいところだったりもする気がします。それをお互いが誇りに思っているし、信じているし、大事にしているのが、いいパートナーシップだと思います。

何より、まず自分が自分で幸せになること。外を幸せにしようとせず、まずは自分を幸せにすること。これが円満な人間関係のヒントかもしれません。

自分にないものばかりを指摘せずに、
自分の中にあるものだけを見て、
自分のギフトを磨くことで強みにしていく。

E x e r c i s e

私の中に「ある」ものだけを見る

自分にあるものだけを見る。
その秘訣と効用を本書でお伝えしてまいりました。
あなたの中での「自分にあるもの」とは何でしょうか?
さっそく、自分で「目に見える」かたちにしてみましょう。
ないもの、足りないものを数えることに意味はありません。
「今あるものだけ」に目を向け、それを磨き上げることが、
日々の暮らしを心地よく成長させることにつながります。

Chapter

5

なくしたものを数えない

Laws of beauty 27

若さを脱いだら始まる「新しい美しさ」

ロス在住の日本人の友人が、いろいろあって離婚し、帰国を決意しました。お別れだね、寂しくなるねと、私たちはカフェでお茶を飲んでいました。

「新しいスタートだから頑張ってね。日本に戻ったら、またいい出会いもあるよ」

そう言う私に、彼女は苦笑いを浮かべて首を横に振ったのです。

「私なんか、日本に帰ったらもうおばさん。誰も相手にしてくれないと思う」

彼女は42歳、とてもきれいな女性です。充分に魅力的なのに、40代の女性は価値がないようなことを言うので、私は驚いてしまいました。

こういう話をすると、日本の友人からはたいてい、こんな反応があります。

「それはジュミがアメリカに住んでいるからでしょ。日本は若さが大切だからね。欧米は、年齢を重ねるほど大人の女の魅力が出てくるという文化だからうらやましい」
でも、現実はというと、若さに絶対的な価値を置いている点では、アメリカ人は日本人以上です。クライアントの例もお伝えしましたが、ピーリングでつるつるにし、ボトックスやヒアルロン酸で「パン！」と膨らませ、顔の皮膚を縫い縮めてフェイスリフトし、シワひとつない、まるでプラスチックのような顔になっている人がたくさん街を歩いています。豊胸手術、脂肪吸引、顎や鼻の整形をしている人も珍しくありません。

ヨーロッパ系の方は比較的ナチュラル志向ですが、それでも「フランス人は歳《とし》をとればとるほど魅力的」と胸を張っているかといえば、全員がそうではない。

世界中どこの国へ行ったとしても、若さへの呪縛から逃れることはできないようです。

私の知る限りでは、「若く見られたい」という欲求がいちばん強いのは中東の人たち。宗教上の理由でブルカと呼ばれるベールで顔を覆い、黒い衣装をまとっていますが、エステティックサロンに来れば当然脱ぎます。すると現れるのは、ばっちりメイクに全身エルメスのような、お金持ちファッションです。

イスラムは男性優位で、女性の社会進出が難しい国もあります。ベールで覆われている彼女たちは、男性に頼って生きざるを得ず、男性が好むのは、若くてきれいな女性――こうして「美容が大事、アンチエイジングは絶対！」という思考が完成します。

対照的なのがヨーロッパの人たちで、「今」に焦点を当て、目の前の心地よさを優先する人も多くいます。シミができようとシワができようと、太陽の光をいっぱいに浴びたい。タバコを吸ってお酒を飲んでお腹いっぱい食べたら体に悪いかもしれないけれど、今、楽しいこと、今、心地いいことを優先し、満足しています。自然の美を大事にし、自分の年齢を受け入れるライフスタイルには、見習うべき点が多くあります。

中東とヨーロッパの中間にあるのが、アメリカ人。日本人も近いかもしれません。「歳をとるのが嫌だ」という点では中東と同じですが、男性にどう思われるかというよりも、自分が嫌なのです。白かった肌を失い、シミができる。張りがある肌はどこへやら、シワとたるみがひどい……アメリカ人や日本人は、たぶん「老いていく自分がゆるせない」という気持ちなのでしょう。

もちろんアンチエイジングをしない中東の人もいれば、若さにしがみつくヨーロッパの人もいます。さまざまな国籍や人種の女性たちを見てきて私が感じるのは、若いときに人生を精一杯楽しまなかった人ほど、老いを受け入れられず、若さを取り戻すことに必死になるのかもしれない、ということです。

老いていく「未来」を心配するのでも、若かった「過去」に執着するのでもなく、「今」に目を向け続けること。「今」から視線をずらさないこと。私が素敵だな、と思う先輩女性たちは、今置かれている場所、今の自分が持っているものにだけ目を向けて生きると、人生は豊かで心地よくなるということを教えてくれます。

"No sun outlasts its sunset, but will rise again and bring the dawn."

これは私が大好きな、アメリカの詩人で作家で歌手、人権活動家でもあったマヤ・アンジェロウの言葉です。

「No sun outlasts its sunset――沈まない太陽はない」というのは人間も同じで、私たちは永遠の命を持っていないのですから、歳をとらない人はひとりもいません。生まれたとき、私たち全員が若さを持っていますが、やがて全員が若さを失います。

それなのに歳をとることを認めず、若さにしがみついている人は、もうオレンジ色に日が暮れて、今日という日が終わろうとしているのに、「お願い太陽！　沈まないで」と必死にすがりついているようなもの。その姿がちっとも美しくないのは、言うまでもありません。

でも、「ムダな抵抗はやめて、あきらめて老けなさい」ということではありません。それを教えてくれるのが、マヤの言葉の後半部分です。

「but will rise again and bring the dawn.――それでも陽はまた昇り、新たな夜明けがやってくる」

つまり、「沈まない太陽はない」のに若さにしがみついていたら、「新しい夜明け」を見逃してしまうということ。

若さがなくなったら、この世の終わり、なんてことは決してありません。せっかく始まった今日という新しい日を、「昨日に戻りたい」と考えながらくよくよ過ごすのは、とてももったいない。

太陽が沈んでも再び昇ってくるように、年月とともに若さはなくなっても、次の新しいあなたの美しさが始まります。

終わってしまった「昨日」にすがるのではなく、
新しい「今日」という日を思い切り
生きる人は美しい。

28 Laws of beauty

「今の肌」をできるだけ長く持続する

ほっぺたにちょっとヒアルロン酸を注射すると、頬がふっくらして若々しく見えます。ボトックス注射なら輪郭がシュッとします。手術と違ってメスを使わないし、時間もかからない。すぐに効果が出るし、「時間がたてば吸収されてしまって元に戻る」ということから、注射による美容メンテナンスは大人気です。隠れてこっそり若くなりたい女性にはぴったりなのかもしれません。

たしかに美容メンテナンスをすれば、見るたびに「もう、若くない」とため息のもとになっていたシワが注射だけで消えます。ヒアルロン酸注射の効果が続く3〜5か月間は、なくしてしまった若さを意識せずにいられるでしょう。

でも、効き目がなくなるにつれ、一回消したはずのシワが、ゆっくりと戻ってくる——これは結構な恐怖です。不思議なことに前よりももっとすごいシワに見えて、前よりももっと気になるものです。

こうしてボトックスやヒアルロン酸の分量が増えていき、最後にはフランケンシュタインみたいな顔になってしまった人を、アメリカではじつによく見かけます。

なくしたものを取り戻そうとすると、必ずどこかで歯車が崩れて無理が生じます。「若かった自分」は「今の自分」とは違うもの。もう、自分自身ではないのです。今の自分ではないものになろうとしたら、いい結果は生まれません。

私がいつもクライアントに言うのは、「たかが美容メンテナンス」と思わず、覚悟を持ってやってくださいということ。

「ボトックスやヒアルロン酸は簡単に始められますが、一度始めたら一生やり続けることになります。精神力とお金がかかりますよ」と。

美容メンテナンスはまた、左右のバランスを崩す原因にもなります。

美容整形のお医者さんは「あなたは左のほうれい線が深いから、こっちに注射をしましょう」とバランスを見て整えてくれて、その日は左右とも張りのある顔になれます。

でも、細胞は生き物で、毎日変わります。たまたま病院に行った日は、筋肉の凝りや水分量の差で左のほうれい線が深くなっていたかもしれない。でも、細胞の働きで筋肉の状態が変わると、今度は右のほうれい線が目立つようになるかもしれない。

あなたのバランスを整えられるのは、毎日顔を見ているあなただけです。お医者さんではありません。それを忘れてしまうと、いいケアにはなりません。

また、いくら張りを持たせる効果があり、いずれ吸収されるといっても、注射は肌にとって「異物の侵入」にほかなりません。体は外部からのばい菌や感染から身を守ろうとしますから、種類にもよりますが、異物を体内に注入する行為から起こり得る炎症などで腫瘍（肉芽腫）ができるケースもあります。30代の私のクライアントでも、ヒアルロン酸注射が原因で顎にできた腫瘍を取るために、手術を繰り返している人もいるほどです。

もし、ボトックス注射やヒアルロン酸注射をされるのであれば、徹底してリサーチしたのちに、実際に会ってから信頼できるドクターのもとで治療を受けてください。

極度のピーリングやレーザーも同様で、たしかにニキビ跡で悩んでいる肌をきれいにしたり、たるみを引き締めたりとポジティブな面はもちろんありますが、コインの反対を見てみると肌のターンオーバーのスピードを無理やりに速めていることなので、まだ成長しきっていない未完成な細胞が表面に出てきてしまっています。

未熟な状態ですからつるつるできれいですが、刺激に弱い。皮膚本来の、「外部の刺激から体を守る」という役目を充分に果たせないので、かぶれやすくてすぐに赤くなってしまいます。

本当なら触ってはいけないくらいにデリケートなので、マッサージなども逆効果。つまり一見、つるつるに見える肌は実際のところ「もう、手出しができない」という状態になっているのです。それは健康そうに見える肌ですが、決して健康な肌ではありません。

こういう極端なケースを見てきて、私は「肌は、『今』の状態をベストとし、それを持続させるのがいちばんだ」という結論に至りました。

今40歳なら今の40歳の肌をなるべく長く持続する。これなら無理がありません。なくしてしまった25歳の肌を取り戻そうとするよりもずっと自然に美しくなることができます。

「保つ」という言葉は控えめですが、
肌にとってはとても価値あることです。
一気に若返ろうと思わず、これからの人生で
いちばん若い「今日」を保つのです。

29 Laws of beauty

80歳まで美しくいたいなら、「ケアしすぎ」は厳禁

年齢を重ねるごとに、普段の肌のお手入れは「やりすぎない」ことこそ重要と、多くのマチュアで美しい先輩女性たちと接するなかで、私は確信するようになりました。

歳をとればとるほど、お肌の悩みは増え、「あれいいらしいよ」という周囲からの情報も増えますから、「これをしなければ」とお手入れの手順を質量ともに増やしがちです。

ですが、年齢とともに、スキンケアやお化粧は手数を減らし、シンプルにするのがよい。

それは、年齢を重ねれば重ねるほど、肌本来の機能が多かれ少なかれ「劣化」していくからです。肌の結合組織が老化により変化して、肌の弾力性や免疫力が失われていきます。すると、肌は薄くなり、色素も薄れ乾燥肌へと変化していくため、さまざ

まな成分に反応しやすくかぶれやすくなるからです。

無理なメンテナンスをしていない肌は、「会話をしてくれる肌」です。

そんな肌をしたクライアントは、私のスタジオに来て、肌と手の会話を始めたら素直に答えてくれます。すると効果が現れるので信頼感も生まれて、心と心の会話が始まり、より効果が出る……。こんな好循環が始まります。

メキシコ在住のあるクライアントは、昔は誰もが知っていた大女優ですが、ピークの時期に引退し、家庭に入りました。離婚後はメキシコで農場の経営者になったという異色の経歴の持ち主で、私がメディカルスパにいた当時からのクライアントです。もう10年以上のつき合いですが、ロサンゼルス在住の息子さんを訪ねるためにときどき帰国するたびに、私のフェイシャルを受けてくれます。

日焼けのダメージが強く、シワもたくさんありますが、本当に笑顔が素晴らしくて目がいつもキラキラ輝いている。私は女優時代のことを写真でしか知りませんでしたが、初めて担当したときから「なんて美しい人なんだろう……」と感じました。無理なメンテナンスをしていない彼女の肌はまさに会話をしてくれる肌で、ハンドマッサージの効果が素直に現れます。
きっと、今の自分が大好きで、心が満たされているのでしょう。それが肌の質感から伝わってきます。

私はまだ43歳で、タマネギの皮を剝いている最中ですが、マチュアなクライアントたちを見ていると、恐怖心や不安にとらわれず自分をフルに生きている彼女たちの目の輝きと肌の輝きに、「ああ、こうやって年齢を重ねていきたい」といつもリマインドされます。

この元女優のクライアントからいつも感じるのは、今の自分が好きで、自由に心の翼を広げているイメージです。自分が何者かを理解し、自分を愛しているから、こんなに素敵な笑顔ができるのだろうと思わされます。

誰かや何かにとらわれず、自由に生きることは、誰しも願うことでしょう。
自由に生きるとは、誰かの決めたルールに従うことではありません。
「女性はシワがないほうがいい」「1歳でも若く見えるほうがいい」というのも、誰かがつくったルールです。でも、男性のシワが「深みがあって味がある」と評価されるなら、女性のシワだって同じように評価されていいはずです。

歳をとることを怖がらず、「今の自分をできるだけ長く維持することを目指す」なんて、「消極的な現状維持だ」と思われるかもしれません。アメリカや日本のように化粧品を含めた美容大国にあっては、「こんなに多数のアンチエイジングの選択肢があるのに」となるのも充分に理解ができます。私のクライアントの中でも、富裕層の方は、おでこも固まってシワひとつない顔が「普通」であり「あるべき姿」だという考えの人も多くいます。

でも、他の考え方に目を向けてみると、この元女優さんのように自分のありのままを受け入れるマチュアな人も、少数派とはいえども存在しています。他人の意見にも、メディアの風潮にも、人がやっていることにも目を向けずに一直線。

型にはまらないとは、どんなグループにも属さないことでもあるので、ちょっと寂しかったりするでしょう。でも、それに流されず、80歳になってもごく普通のお手入れをしているクライアントこそ、本当にきれいな肌をしています。

私が普通の、つまり、一見地味で楽しくないスキンケアを勧めるのは、実際に80歳まで美しいクライアントはみんな、〝普通の〟スキンケアを行っているからです。

若さで誤魔化せなくなったときにようやく出てくる「マチュア」さ。
肌の美しさというのは結局、内面の美しさと重なり合って表面に表れるもので、年齢を重ねれば重ねるほどそれが明らかににじみ出てくるのです。

歳を重ねると「特別な」ケアをしたくなりますが、
80歳で美しい人はほとんど、「普通の」ケア。
特別なものを「外から入れる」のではなく、
あえて普通の道具で、「自分との会話」によって
ケアしています。

Laws of beauty 30

シワひとつないピカピカ肌ならすべて幸せ？

「歳をとる自分がゆるせない」というルールのアンチエイジングが、多くの女性が参加する短距離走だとしたら、そのゴールは何でしょう？

「65歳になってもシワがひとつもなくて肌はピカピカ。でも、表情は全然動かなくて、首から下はシワシワ。いつも自分にないものを欲しがり、なくなりそうなものには必死にしがみついている」

そんな短距離走にゴールはありません。ただ走るのに疲れきっていつか辞退することで終わりがくる。そんな時間があるのなら、自分だけのマラソンに参加してください。長い道のり、そのときそのときで最善を尽くしながら柔軟にペースを変え前に進む。マチュアに生きるということはそういうことです。

先日、クライアントで同じ40代のマリアとこんな話をしました。

「眉間のシワが気になってきたのよね。私は不動産業だから、家の内見をしてもらうのに、近くでいろんな人と話すでしょう？　印象が悪くなるかなって。ボトックスしたほうがいいと思う？」

私は同じ世代の気やすさもあって、はっきり言いました。

「えっ、42歳で眉間にシワがあったらダメなの？　私たちってシワができないエイリアンなの？」

マリアはそれを聞いて「あっ、本当だね。42年間も生きてきて、眉間にシワぐらいあっても当たり前よね。どうしてダメなんて思い込んだんだろう」と笑いました。

アンチエイジングに固執しないクライアントといえば、エイドリアンもそのひとり。彼女は40代で、映画の脚本家をしていましたが、今は自分の小説を書いています。ある日、9歳になる上のお子さんに、こう聞かれたそうです。

「マミー、どうしてマミーはそんなにシワくちゃなの？」

エイドリアンは真の自然派で、食事もオーガニック。健康に気を遣っています。美容についても「自分ができる範囲のベストを尽くしながら、年齢どおりの歳のとり方をしたい」というタイプ。だからといって身なりに構わないわけではなく、私のところにも毎月必ず1回フェイシャルに来ます。自分の主義主張に合うケアをしている人です。

でも、彼女の娘が通う私立の学校には「メンテナンス命！」といったママたちが多く、そんな人たちにくらべると、彼女は年齢にともなったシワがあるのでしょう。

「『マミーの首は恐竜みたいでイヤ』って言われちゃって、さすがにちょっと傷ついたわ。でもいくつになってもシワがないのが普通だなんて、そんな嘘《うそ》を娘には教えたくないし。どうしてこんなに混乱する世の中に子どもたちは生きてるのかしらね」

苦笑いするエイドリアンの肌をハンドマッサージしながら、私は言いました。

「ねえ、エイドリアン。あなたはとても自然で、とても美しい。いつか70代、80代になったとき、40代になった娘さんも恐竜の首になってくるはず。そのとき、自然に歳を重ねていた今のあなたを思い出して、きっと『マミーはすごく強かった』と言う日が来るはず。そのときを夢見て、お互い頑張ろうよ」

白人の彼女はアジア人よりも日焼けの跡が残りやすく、肌にもダメージがあります。

でも、自分というものをはっきり持っているエイドリアンの目の輝きは、どんな美容メンテナンスをしている女性より美しいのです。

彼女は正直なので、「娘にこう言われて傷ついた」とは話しますが、とめどなく愚痴をこぼすタイプではなく、さらっとしています。

「エイドリアン、あなたの目の輝きは、どんな美容整形でも手に入らない」

私の言葉に、エイドリアンはこう言いました。

「ジュミ、ありがとう。これからも私はリフティングもボトックスも何もしないつもり。ごく普通のスキンケアとハンドマッサージで歳をとっていくわ。だから私を、あなたのエステティックの人体実験として使ってほしいの。80歳になった私が、エイリアンじゃなく、エイドリアンのままでいられるってことを、娘にも証明したいからね！　だからジュミ、あなたもそれまで元気でケアをしてくれなくちゃダメよ」

私たちは笑い合いました。歳をとるって、やっぱり悪いことじゃないと思わせてくれるクライアントに、私も助けられているのです。

40代でシワがあってはいけないなんて、
誰のルール？　シワを気にしあうより、
歳をとるって悪くないと語り合える。
そんな友人との時間は
何よりの人生の宝物です。

31 Laws of beauty

誰かがつくった年齢ごとのゴールに縛られない

70代、80代の年齢を重ねたクライアントの全員が、素晴らしい人格者というわけでもありません。ずばりと傷つくことを言う人もいて、実際、傷ついたこともあります。でも、私が傷ついたのは、それが当たっていたから。だから傷ついたとはいえ、ためになった指摘がたくさんあるということです。

若い頃にある「こう言ったら嫌われるかもしれない」「こんなことを言ったら傷つけてしまうかも」という意識が、たぶん年齢とともに薄れていくのかもしれません。無神経になるのは困りますが、正直に素直になれるのも、歳をとることの良さかもしれないな、先輩女性たちを見ながら、私はそう思うようになりました。

私はまた、人の話を聞くのが大好きですが、年齢を重ねている人の話はすごく面白い。何百年も生きるという亀から話を聞いているようです。

クライアントの中でも、苦労が多かった人ほど面白い話が聞けます。そんな人たちは話し方が一方的ではなく、私のレベルに合わせてくれるので余計に引き込まれます。素直で正直でありながら、思いやりがある。これは相当にハイレベルな技術だと思いますが、まさにそのお手本としたいのがステラ。スケジュールを埋めてばかりのクライアント、ジュリーのお友達です。


2人は親友なのに、水と油ほどタイプが違います。ステラは元は精神科医で、今は引退して、夫と悠々自適の暮らしをしています。

施術の間、ステラはよく自分の話をしてくれました。ポーランド生まれのユダヤ人であるステラが2歳のとき、第二次世界大戦が始まりました。

彼女のいたユークレインはロシア領になったのちにドイツ領になるという、大国に翻弄されたポーランドの象徴のような場所。やがてナチスによるユダヤ人迫害を逃れるために、ステラの一家はドイツを脱出します。ロシアでの暮らしを経て、家族でアメリカ移民となったときは、ステラは12歳になっていました。

食べるものもろくになく、母親がどこからか手に入れてきたバターを舐《な》めて空腹をしのいだという苦労を、さらりと語るステラ。学校に通えず、教育を受けられなかったけれど、ステラは独学を続け、3か国語をマスターしていました。ロシア語、ポーランド語、英語。ようやくアメリカの学校に入った時点で優秀さは群を抜いていたそうで、飛び級をして15歳で高校を卒業。16歳で大学生になり、3年間で卒業してしまいました。

大学卒業と同時に結婚して、出産。子育てをしながら働くには都合がいいだろうと教師になりますが、それがステラの夢というわけではありませんでした。もっと自分の能力を生かしたい――そう考えた彼女が目指したのは、精神科医でした。

子ども2人を共に授かった夫とは離婚しシングルマザーとなった彼女は、29歳のときに、昼間は教師として働きながら子育てをし、子どもが寝てから夜間の大学院に通い始めます。忙しさに中断しながらもあきらめずに復学して学び続け、UCLAの大学院で医学博士号を取得したのは36歳のとき。協力してくれた再婚相手の男性もすごい人で、インターネット発明に関わったUCLAのメンバーのひとりだそうです。

ステラは76歳まで医師として患者を診て、84歳になった今は引退していますが、その話しぶりはまるで現役の精神科医のようです。

賢者の言葉とはこういうものか、と思わせるような彼女の意見は、中道。私はエステティシャンとクライアントの関係を超えてプライベートな話をすることもありますが、子どものことでも夫のことでも、ちょうどいい〝中間の答え〟を出してくれます。

極端な意見のほうがインパクトはありますが、本当に役に立つのは中道のアドバイス。ステラの器の大きさが感じられます。

ステラの教えでとくに印象に残っているのは、人間というのは、絶対に変わらないということ。

「夫に対してでも子どもに対してでも、何か嫌なところがあれば、ジュミ、あなたが見方を変えるしかない。相手に変えてほしいと要求しても、口論が増えていくだけよ。持って生まれたくせだと思って、『まあ、いいか』と見ていなさいよ」

でも、あきらめろと言うのではないところが、ステラの意見が中道たるゆえんです。

「人間は変わらないけれど、考え方は変えることができる。あなた自身が変わることで、旦那さんの考え方も変わるかもしれないわ」

2、3週間に1回のステラの予約は、私にとっても心のメンテナンスです。補聴器をつけていますが話は明瞭で、彼女に会うたびに、歳をとるのが怖くなくなる気がします。

そんなステラの肌は、弾むような弾力がある肌。「忙しかったし、お手入れはあまりしてこなかったの」と言いますが、手入れをしすぎていないぶん新鮮で、こちらがケアをしたぶんだけ返事をしてくれる肌を、今もしっかりと保っています。

15歳で高校を卒業し、30代で働いていて子どもがいるのに医師を目指す。ステラはおそらく、「年齢ごとのゴール」に縛られずに生きてきたのだと思います。

私たちは親や先生や周りの人たちに、「何歳になったらこうしなさい、そして何歳になったらこうしなさい」と言われ続け、いつの間にか自分自身もそう思うようになります。自分の人生に期限を決めてしまうのです。

30歳までに結婚し、35歳までに子どもを産んで、40歳までに家を買って……という他人が決めたゴールを必死にクリアするだけでは、50歳、60歳というその先を、「もう、何もなく隠居していくだけの人生」とみなすようになるかもしれません。だから「若さも失った、可能性もない、もう歳をとっていくだけだ」と投げやりになる。あるいは、老いていく自分への否定に入る。

でも、年齢に縛られるのではなく、ステラのように自分自身と日々向き合っていれば、年齢に関係なく、自分が好きでいられるし、どの段階からでもその先のことを考えられるのではないでしょうか。何よりも「今」を楽しめると感じます。

安全な道は、誰かが決めた道。自分が決めた道は、多少不安になったりもする、見えない道です。

でも、その道をしっかり歩いていける強さを持ちたい。それが私が憧れる、マチュアな人です。

人生の先輩からさりげなく届けられる、
胸に響く珠玉の言葉たち。
自分を振り返らせ、心を温め背中を押す、
人の言葉は、すべて金言です。

E x e r c i s e

私が「やりたいこと」を見つける

「この歳ならこんなイベント」といった、年齢にしばられた考え方は、暮らしを窮屈にします。

本当のところは、年齢も年代も関係なく、その人に必要なときに必要なものがめぐりあうのが人生です。

何歳で何をしようが、すべては自由。

すべては、あなただけが決められます。あなただけの人生の航海図を描きましょう。


私が本当にやりたい（やりたかった）ことは？

[決められた年齢レース]		[やりたいこと／やったこと]
(例)24歳で結婚	➡	(例)資格試験合格のため勉強に励む
	➡	
	➡	
	➡	
	➡	

私だけの航海図

おわりに

最後までお読みいただいて、ありがとうございました。

本文最後の項目は、私の大好きな女性、ステラ（仮名）の話をさせていただきました。ステラの歩んできた、まるで映画を見ているかのようなドラマチックな人生。自分のギフトを磨き続けることの偉大さ。自分を解き放つ自由な心。前向きな冒険心。

――もちろん彼女だけではありません。たくさんの素敵なマチュアな人たちとの出会いと、そこで出合った言葉で、私の人生は切り開かれ、彩られているのを感じます。

15、6歳の頃、思春期真っただ中の高校時代だったと思います。

私は母親に「いい大人になりたいんだけど、どうしたらなれる？」と聞いたことがありました。

母は私の目を見て、「いい聞き役になりなさい。人の話をとにかくよく聞きなさい」とだけ言いました。そのときから、私は人の話にじっと耳を傾けるようになりました。

どんな人生を歩み、どんな転機があり、どんな困難を乗り越えて、いまここにいるのか。成功談、失敗談、思い出話、恋の話、友情の話、お金の話――その人の現在の地位や立場と、私の脳裏で繰り広げられるその人生の紆余曲折。私は人に会うたびに、それぞれ違った人生観をスポンジのように吸収していきました。

いろいろな大人がいること。年齢や肩書、地位と、その人本人の素晴らしさや成熟度とが、かならずしも一致するわけではないことも目の当たりにしました。人の誠実さ、美しさ、ずるさ、醜さ、清濁併せ呑む人間の本当の姿がそこにはありました。

自分に必要な言葉は、出会うべくして、ベストのタイミングで、目の前に現れるのかもしれません。あるいはそのときにピンとこなくても、来るべき時が来れば思い出し、必要なタイミングで自分にヒントをくれるのでしょう。

私は、人生の大切な転機で、自分を導いてくれる言葉に出合ってきた自分の人生を振り返って、「人の運（人に出合う運）」という言葉がもしあるとしたら、それにじつに恵まれていること、そしてその原点は母親からの助言にあることを、この本を書きながら思い出していました。

母の言葉が私の人生を導いたように、私が娘たちに伝えたいことがあるとしたら、どんな言葉だろう。そう思ったとき、ふと直感的に浮かんだのが「自分の声を聞きなさい」ということでした。

「いい大人になるには、自分の声に耳を傾けること」

自分の声を、人は意外に聞いていません。いちばん近くにいるはずなのに、自分の声には興味を持たず、他の誰かや顔のない「世間」の声ばかり窺っている。私がたくさんのクライアントに施術を通して伝えてきた「自分に触れ、会話をすることで、自分を知りそれが確信へと変わっていく尊い体験をしてほしい」――娘たちに伝えたいのは、まさにそのことです。

「人の話をよく聞くこと」「自分の声をよく聞くこと」――はからずも、私の母からの言葉に呼応するようなフレーズになったことに、自分でも驚きですが、自分で自分を慈しみ、幸せにすること。そして、人の話に耳を傾け、誰かの痛みや悲しみを想像できること。どちらも、私が理想とするマチュアな人の特徴です。

Netflix配信のレディー・ガガのドキュメンタリー映画『Five Foot Two』の中で、ニューヨークの自宅アパートのソファに寝ているガガに、私がフェイシャルトリートメントをしているシーンがあります。彼女はそこで「自分が痛みで苦しんでいるとき、私ひとりではなく世の中でどれだけの人が苦しんでいるのかを感じる」ということを涙ながらに話しています。弱者への共感を自然に備えたガガの感受性。そのみずみずしさと美しさに心打たれた瞬間でした。

私は私であって、他の誰にもなることはできません。でもだからといって、「自分でないからわからない」と言うのは寂しすぎます。

「相手」は今どんな思いの中にいるのだろう。「知らない誰か」はどうだろう。そんな誰かへの想像の架け橋をかけていけば、世界は少しやさしくなる気がしませんか？

そんなマチュアな魅力であふれた世界は、まず自分への愛を注ぐことから始まります。自分を満たしてはじめて、人は誰かを満たせるのですから。

2021年1月　天使の街ロサンゼルスより

ジュミ・ソン

JOOMEE SONG ジュミ・ソン
ロサンゼルス在住の美容家。神戸で生まれ育つ。短大卒業後1998年に渡米。ヤマノ・ビューティーカレッジ・ロサンゼルス校を卒業後、メイクアップアーティストとしてハリウッドで活躍する。神戸と東京を行き来して日本の美容業界に携わったのち、ロサンゼルスに戻り、メディカルスパ業界の第一線でエステティシャンとして活躍する。米国西海岸で開催された美容業界のコンテスト「Best Hand of West Coast 2007」でエステティシャンとしてただひとりノミネートされる。2009年からの5年間、高級ホテルのスパで活躍し、Hotel Bel - Air と The Beverly Hills Hotel でエステティシャンとして歴代セールス1位に輝く。2014年に独立後、4年半にわたりレディー・ガガの専属エステティシャンとして活動する。2018年ロサンゼルスに自身のスタジオをオープン。ニューヨークとロサンゼルスを拠点とし、俳優、モデル、ミュージシャン、経営者から主婦まで幅広いクライアントから絶大な支持を得ている。2019年と2020年にはロサンゼルスで活躍する企業に与えられる賞を2年連続で受賞したほか、オリジナルのコスメも発売予定。世界が注目する美容家。著書に『世界一のフェイシャル・マジック』(光文社)がある。

自分にあるものだけを見る

2021年1月10日　初版印刷
2021年1月20日　初版発行

著　者　ジュミ・ソン
発行人　植木宣隆
発行所　株式会社サンマーク出版
東京都新宿区高田馬場2-16-11
電話　03-5272-3166
印刷・製本　株式会社暁印刷

©Joomee Song 2021, Printed in Japan
定価はカバー、帯に表示してあります。
落丁、乱丁本はお取り替えいたします。
ISBN978-4-7631-3857-6 C0095
ホームページ　https://www.sunmark.co.jp

サンマーク出版　話題の書

選んだ道が一番いい道

大宅邦子〔著〕

定価：本体価格 1,300円＋税　四六判並製　本文206ページ

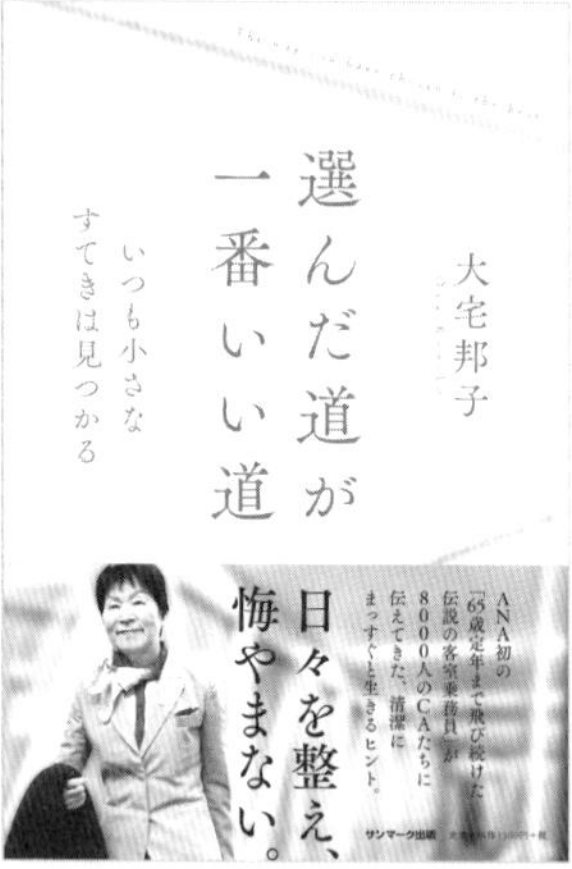

仕事を超えた「清潔な生き方を学んだ」と
後輩女性が口をそろえる
65歳定年まで空を飛び続けた「伝説の客室乗務員」が
8000人に伝えていた「心と暮らしの整え方」とは？

- 毎日という点こそ、ていねいに。線は点でできている
- 選ばなかった道は忘れなさい
- あなたはあなたのよさを、出しさえすればそれでいい
- まだ知らないことがあるとわかれば、誰かに少しやさしくなれる
- 何事も「きれいにする」ことは、やる気と自信のはじまり
- 身につけるものは「すてきだけれど一歩引いた存在感」
- 感性は老いない、経験はかさばらない
- すべては「いっとき」と考える